괴테 문학의 현대성

김동중 저

Johann Wolfgang von Goethe

전남대학교출판문화원

김동중

서울대학교 대학원 독어독문학과 문학박사
독일 함부르크, 카를스루에 대학교에서 독문학 연구
현재 전남대학교 인문대학 독일언어문학과 교수

저서 괴테에게 길을 묻다
파우스트의 새로운 이해
독일 서정시의 새로운 이해

괴테문학의 현대성

인 쇄 | 2019년 12월 5일
발 행 | 2019년 12월 12일

저 자 | 김동중
발행인 | 정병석
발행처 | 전남대학교출판문화원

등 록 | 1981. 5. 21. 제53호
주 소 | 61186 광주광역시 북구 용봉로 77
전 화 | (062) 530-0571~2
마케팅 | (062) 530-0573
팩 스 | (062) 530-0579
홈페이지 | http://www.cnup.co.kr
이메일 | cnup0571@hanmail.net

값 15,000 원

ISBN 978-89-6849-675-2 (93850)

이 도서의 국립중앙도서관 출판예정도서목록(CIP)은 서지정보유통지원시스템 홈페이지(http://seoji.nl.go.kr)와 국가자료공동목록시스템(http://www.nl.go.kr/kolisnet)에서 이용하실 수 있습니다.
(CIP제어번호: CIP2019051036)

■ 머리말

이 책은 총 4장으로 구성되어 있다. 제1장에서는 괴테의 질풍노도기의 시들과 고전주의 시기의 시들을 다룬다.

질풍노도기의 시들에서는 '제젠하임의 노래들', '릴리 시편', '예술가를 소재로 한 시'를 중심으로 '사랑'과 '예술'이라는 주제성을 현대의 관점에서 분석하고 종합한다.

고전주의 시기의 시들에서는 '리다 시편', '인생, 세계, 자연을 소재로 한 시', '2행시', '서동시집'에 나타난 '감성과 이성의 균형, 이상적인 인간상, 세계와 자연 속의 인간, 금언, 동서양의 소통'이라는 주제성을 오늘날 실제 삶에 적용하는데 중점을 두고 해설한다.

제2장은 드라마 『파우스트』에 제시된 '창의적인 행위와 활동, 인간의 구원문제, 욕망과 자유, 양극성과 승화, 개인과 사회, 신화와 현실, 고독과 예술, 인간과 자연, 경제문제' 등과 같은 다양한 주제성을 부각시킨다. 서곡 3장면, 파우스트 제1부, 파우스트 제2부의 명대사들과 핵심시행들에 나타난 의미내용과 주제를 오늘날의 시대상황과 현실에 연관시켜 설명한다.

제3장에서는 괴테의 편지소설인 『젊은 베르테르의 슬픔』을 '여행, 현재, 여기, 행복, 자연, 인간관계, 욕망, 자유, 생활양식,

베르테르와 로테의 관계, 운명과 죽음' 등의 주제로 분류하여 다룬다.

제4장에서는 괴테의 소설 『빌헬름 마이스터의 방랑시대』에 있어서 '휴머니즘의 실현, 세계 시민성, 개인과 공동체의 상호관계, 이상적인 인간관계, 긍정적이고 건전한 의미의 체념과 절제, 절제와 제한을 통한 정신적인 자유, 행동과 사유의 상호작용' 등과 같은 주제성을 21세기의 시대상황과 현실에 연결지어 해설한다.

괴테의 명시들과 대작 『파우스트』, 『젊은 베르테르의 슬픔』과 『빌헬름 마이스터의 방랑시대』의 핵심 부분들을 오늘날 우리가 세상을 살아갈 때 일상에 어떻게 적용가능한가에 중점을 두고 분석함으로써 괴테문학의 현대성을 밝혀내고자 한다.

2019. 12.

저자

■ 차 례

제1장

괴테의 시세계

Ⅰ. 질풍노도기의 시

1. 제젠하임의 노래들

괴테는 슈트라스부르크 대학생 시절에 근교의 작은 마을인 제젠하임(Sesenheim)에 거주하는 프리데리케 브리온을 알게 되어 열애에 빠지게 된다. 그녀에게 바친 연시들을 묶어서 '제젠하임의 노래들(Sesenheimer Lieder)'로 출간했다. 이 시기가 괴테에게는 질풍노도기였다.

괴테는 젊은 날의 사랑을 다음과 같이 예찬한다.

아, 그리운 그대여, 작은 천사여!
꿈결에서만이라도 제발 나타나다오!
꿈결에서 나 무척 괴롭고
그대를 지키려고 유령들과 겨룰지라도,
숨을 헐떡거리며 잠에서 깨어난다고 해도.
아, 그리운 그대여, 힘든 꿈속에서도
너무나 소중한 그대여!

Ach, wie sehn' ich mich nach dir,
Kleiner Engel! Nur im Traum,
Nur im Traum erscheine mir!
Ob ich da gleich viel erleide,
Bang um dich mit Geistern streite,
Und erwachend atme kaum.
Ach, wie sehn' ich mich nach dir,
Ach, wie teuer bist du mir

Selbst in einem schweren Traum.[1)]

난 그대를 사랑하는 것인지 몰라도
그대 얼굴을 단 한번만 쳐다보아도
그대 눈을 단 한번만 들여다보아도
내 마음 속 모든 고통 녹아내리네.

Ob ich dich liebe, weiss ich nicht,
Seh' ich nur einmal dein Gesicht,
Seh' dir ins Auge nur einmal,
Frei wird mein Herz von aller Qual.[2)]

오월의 축제

자연은 내게 그 얼마나
눈부시게 빛나는가!
햇살도 찬란히 빛나고,
들판엔 밝은 미소가 가득하다.

수많은 나무들에선
꽃들이 움터 나오고
숲 속에선 온갖 소리들이
울려 퍼져 나온다.

---

1) Goethes Werke, Hamburger Ausgabe(HA). Bd.1, Hamburg 1969, 31쪽.
2) Goethes Werke, HA. Bd.1, 25쪽.

사람들의 마음속에선
기쁨이 터져 나온다.
오, 세상이여, 햇빛이여,
오, 행복이여, 의욕이여,

저 산 위에서
아침햇살로 빛나는
구름처럼 아름다운
사랑, 오, 사랑이여.

싱싱한 들판엔
그대의 축복 가득하고
이 세상은 꽃들의 열기로
가득 차 있구나!

오, 사랑하는 그대여!
난 그대를 그 얼마나 사랑하는가!
그대 눈동자 정말 빛나고
그대도 날 정말 사랑하는구나!

우리들의 사랑처럼 종달새도
노래와 바람 타고 날고
아침 꽃들의 맑은 향기가
이 세상에 가득하구나.

난 뜨거운 피로
그대를 사랑하노라.

그대는 내게 젊음과
기쁨과 용기를 주어

새롭게 노래 부르고
새롭게 춤추게 하는구나!
그대가 날 사랑하는 것처럼
그대가 오래오래 행복하길 바라노라!

Maifest

Wie herrlich leuchtet
Mir die Natur!
Wie glänzt die Sonne!
Wie lacht die Flur!

Es dringen Blüten
Aus jedem Zweig
Und tausend Stimmen
Aus dem Gesträuch

Und Freud' und Wonne
Aus jeder Brust.
O Erd', o Sonne,
O Glück, o Lust,

O Lieb', o Liebe,
So golden schön

Wie Morgenwolken
Auf jenen Höhn,

Du segnest herrlich
Das frische Feld —
Im Blütendampfe
Die volle Welt!

O Mädchen, Mädchen,
Wie lieb' ich dich!
Wie blinkt dein Auge,
Wie liebst du mich!

So liebt die Lerche
Gesang und Luft,
Und Morgenblumen
Den Himmelsduft,

Wie ich dich liebe
Mit warmem Blut,
Die du mir Jugend
Und Freud' und Mut

Zu neuen Liedern
Und Tänzen gibst.
Sei ewig glücklich,
Wie du mich liebst.[3)]

제1연: 자연은 시적 자아에게 눈부시게 빛나고 들판도 마치 엄마가 아이에게 웃어주듯 환한 미소를 머금고 있다.

제2연: 찬란한 봄날, 수많은 꽃들이 움터 나오고 숲 속에선 봄의 아우라에서 우러나오는 화음들이 여기저기 울려 퍼진다.

제3연: 사람들의 마음에서 기쁨이 샘솟아 지구와 태양을 예찬하고, 행복과 의욕을 느낀다.

제4연: 이제 이 세상의 사랑도 하늘에 걸려 있는 빛나는 구름과 같다.

제5연: 이제 들판은 싱그러워져 사랑의 축복이 가득하고, 세상이 온통 꽃물 들여진 것 같다.

제6연: 이런 순간에 연인에게 사랑을 고백하고 사랑을 느끼는 연인의 눈동자는 눈빛처럼 빛난다, 그 눈빛은 메아리처럼 그의 눈동자에 반사된다.

제7연: 연인들의 사랑처럼 종달새도 노래 부르며 맑은 공중을 날고, 하늘향기 맡으며 아침 꽃들은 피어난다.

제8-9연: 연인의 혈관 속엔 뜨거운 사랑이 흐르고, 사랑은 젊음과 기쁨과 용기를 북돋워 새로운 삶의 노래와 신나는 춤을 추게 한다. 연인의 한없는 행복을 바란다.

이 시의 형식 해설

운(라임): 1연 2행과 4행, 2연 2행과 4행, 3연 1행과 3행, 2행과 4행, 4연 2행과 4행, 5연 2행과 4행, 6연 2행과 4행, 7연 2행과 4행, 8연 2행과 4행, 9연 2행과 4행.

3) Goethes Werke, HA. Bd.1, 30-31쪽.

율격: 약강격

월행: 시행의 의미나 구문이 다음 행으로 계속되는 것으로 시어의 흐름을 매끄럽게 하여 생동감 있게 한다. 낭송할 때 연결하여 읽는다.

1연 1-2행, 2연 1-2행, 3-4행, 3연 1-2행, 4연 2-4행,
5연 1-2행, 3-4행, 7연 1-2행, 3-4행, 8연 1-2행,
8연 3-4행에서 9연 1-2행까지, 9연 3-4행.

3연, 8연: Freude, 3연: Erde, 4연: Liebe, 6연: liebe 인데 율격을 맞추기 위해 끝의 약음 'e'를 생략했다.

첫말반복 Anapher: 연속되는 시행들의 처음에서 단어나 단어 군을 반복하는 기법. Wie, Aus, O, Und.

괴테가 슈트라스부르크 대학생일 때 사랑한 여자 친구 프리데리케 브리온에게 보낸 연시로 강렬하고 생동감 넘치는 질풍노도 문체가 돋보인다. 그녀는 슈트라스부르크 근교 전원마을 제젠하임에 살고 있던 목사의 딸로, 괴테에게는 정말로 이 시골 하늘에 떠있는 가장 아름다운 별, 그야말로 별에서 온 그대였고, 우아하고 티 없이 맑은 모습이었다.

이 시에서 두 사람이 서로 행복한 사랑을 나눴던 교감을 자연과 인간의 서로 스며듦으로 묘사하고 있다. 자연이 황홀하게 빛나고, 겨울을 이겨내고 꽃들이 움터 나오고, 들판도 미소 짓고 있다.

눈이 부시게 찬란한 봄날에 사람들의 마음엔 기쁨이 가득하다. 행복과 의욕이 꿈틀거리고, 사랑이 차오른다. 사랑이 온 세상에 가득하여 순간이 영원으로 이어지는 듯하다. 사랑의 힘은 새롭고 싱싱한 삶을 살아내게 한다.

인간이 자연과 하나가 되면 '인자한 모습'이 되고, 자연이 인간을 품어주면 '자인 Sein: 존재' 그 자체가 된다.

인간은 물질과 문명, 과학기술의 급변, 일상과 현실 속에서 본연의 모습에서 점점 멀어져 갈 수 있는데, 자연친화적이 됨으로써 인간다운 인간이 될 수 있고, 고주파(고통과 고생은 주기적으로 몰려오는 파도이다)같은 인생에서 자연이 인간을 모성적인 따스함과 부드러움으로 안아준다면 인간은 태생적인 존재 그 자체가 될 수 있다.

펄떡이는 물고기 같은, 싱싱하게 몸부림치는 가물치 같은 문체로 질풍노도의 감성을 섬세하게 터치하고 있다.

이성이 아닌 감성이야말로 새로운 삶의 중심축이라는 것을, 개별적이고 주관적인 삶의 권리를 이 시는 부각시킨다. 부드럽고 따뜻한 감성의 떨림과 울림이 절실한 오늘날 괴테의 이 시는 더욱 그립다.

그림 그려 넣은 리본

상큼한 봄은 경쾌한 손으로
아담한 꽃들과 꽃잎들을
엮은 리본위에 올려놓으면서
내게 뿌려준다.

바람아 그 리본 나래에 싣고 가
내 연인의 옷에다 감아주렴!
거울 앞에 서 있는
너무나도 생생한 프리데리케.

넌 숱한 장미꽃들 가운데서
빼어난 싱싱한 장미꽃 한 송이
단 한 번 눈길로 사랑받는 삶이여!
난 정말 행복한 사람.

이 심장이 느끼는 걸 느껴 주오
너의 손 내게 한껏 내밀어 주오
너와 날 맺어주는 리본이
가냘픈 장미꽃 리본이 아니길!

Mit einem gemalten Band

Kleine Blumen, kleine Blätter
Streuen mir mit leichter Hand
Gute junge Frühlingsgötter
Tändelnd auf ein luftig Band.

Zephir, nimm's auf deine Flügel,
Schling's um meiner Liebsten Kleid!
Und so tritt sie vor dem Spiegel
All in ihrer Munterkeit.

Sieht mit Rosen sich umgeben,
Selbst wie eine Rose jung:
Einen Blick, geliebtes Leben!
Und ich bin belohnt genung.

Fühle, was dies Herz empfindet,
Reiche frei mir deine Hand,
Und das Band, das uns verbindet,
Sei kein schwaches Rosenband![4)]

어느 날 괴테가 달밤에 말을 타고 여친 프리데리케가 살고 있는 제젠하임으로 달려가 밀애를 즐겼는데 그때의 감정을 다음과 같이 시화한다.

환영과 이별

심장이 벌렁거렸네, 어서 말을 타야지!
나도 모르게 말을 타고 있었다.
저녁은 이미 대지를 잠재웠고,
산기슭엔 어둠이 깔렸다.
안개 속의 떡갈나무
거인처럼 서 있는 곳,
숱한 까만 눈동자로
어둠은 덤불 속에서 응시하고 있었다.

---

4) HA. Bd.1, 26-27쪽.

구름 덮인 언덕에 떠오른 달
안개 속에서 슬프게 응시하고 있었다.
바람이 살며시 나래를 퍼덕여
무섭게 윙윙거리며 내 귀를 스쳐 갔다.
밤이 수천의 괴물을 만들었어도,
내 마음 상쾌하고 기뻤다.
불꽃같은 내 혈관!
불길같은 내 심장!

그대를 응시하니, 그대의 달콤한 시선에선
사랑에 찬 기쁨의 빛 흘러나왔다.
내 마음 온통 그대 곁에 있었고
나의 호흡도 그대를 위한 것이라오.
장밋빛 봄 햇살이
사랑스런 얼굴을 감돌았고,
넘치는 사랑도 나를 위한 것, 그대 신들이여!
그걸 바랬지만, 내겐 과분한 것이었다.

아, 벌써 아침이 밝아 오니,
이별로 죄어드는 내 가슴.
그대의 눈망울, 뼈저린 고통!
나는 떠나는데, 그대는 선 채 고개 떨구고
끝없는 눈물로 나를 떠나보냈으니,
사랑받음은 더없는 행복 아닌가!
사랑하는 것도, 신들이여, 얼마나 큰 행복인가!

독일어 원문은 주요 부분들만 발췌해 본다.

Willkommen und Abschied

In meinem Adern welches Feuer!
In meinem Herzen welche Glut!

Dich sich ich, und die milde Freude
Floß von dem süßen Blick auf mich;
Ganz war mein Herz an deiner Seite
Und jeder Atemzug für dich.
Ein rosenfarbnes Frühlingswetter
Umgab das liebliche Gesicht,
Und Zärtlichkeit für mich — ihr Götter!
Ich hofft es, ich verdient es nicht!

Doch ach, schon mit der Morgensonne
Verengt der Abschied mir das Herz:
In deinem Auge welcher Schmerz!
Ich ging, du standst und sahst zur Erden
Und sahst mir nach mit nassem Blick:
Und doch, welch Glück, geliebt zu werden
Und lieben, Götter, welch ein Glück![5)]

괴테는 여자 친구와의 사랑이 오래 지속될 수 없으리라 예감했는지 1771년 8월 6일에 괴테는 프리데리케를 마지막으로 찾아간다. 물론 그녀를 다시 찾지 않을 것이라는 속내를 밝히지 않았다.

5) HA. Bd.1, 28-29쪽.

프랑크푸르트에서 그는 자신의 미래에 대한 불확실성 때문에 이별의 편지를 프리데리케에게 보냈는데, 그녀는 격한 고통과 상실감을 겪게 되었고, 괴테도 슬픔에 잠겨 뉘우치면서 사랑의 기억들을 써내려갔다.

> "나의 이별 통보에 대한 프리드리케의 답장은 내 가슴을 찢어 놓았다. 나는 그녀가 겪었던 상실감을 느꼈다. 그 상실감을 완화해 줄 방법이 없었다. 그녀는 내게 있는 듯 없는 듯했다. 내 자신의 불행을 받아들일 수 없었다. 나는 가장 아름다운 마음의 가장 깊숙한 곳에 상처를 입혔다. 행복했던 사랑의 결핍으로 고통스러워 정말 견딜 수 없었다."[6]

괴테의 여친 입장에서는 너무 아픈 사랑이었다. 괴테는 그녀에게 바치는 참회의 시들을 쓰면서도 다음과 같은 말로 자신을 합리화한다.

> "사랑의 대상은 바뀔 수 있다. 예전의 열정이 채 사라지기 전에 새로운 열정이 솟아나는 건 되게 기분 좋은 느낌이다. 해가 질 때 달이 떠오르는 것을 기꺼이 바라보며 두 가지 천상의 빛이 동시에 발산하는 두 줄기 광채를 기쁘게 누린다."[7]

6) 송동준 옮김: 괴테. 한길사 1998, 51-52쪽.
7) 이은희 편역: 내 인생을 바꿔준 괴테의 말 한마디. 예문 2007, 7쪽.

2. 릴리 시편

괴테는 26세 때 프랑크푸르트에서 16세인 릴리 쇠네만(Lili Schönemann)과 열정적인 사랑에 사로잡혀 만난 지 3개월 만에 약혼까지 하게 된다. 여기서 다룰 시들은 릴리를 위해 쓴 괴테의 시들이다.

그러나 약혼한 지 한 달도 안 되어서 후회하여 결국 6개월 후 파혼한다. 그의 인생에서 릴리와 가장 격정적이고 가장 행복한 시절을 보냈으나 가정에 얽매이게 될 것이라는 두려움 때문에 결혼에서 도피한다. 새장에 갇힌 새 같은 신세로 전락하는 것을 꺼려했다.

> "자유를 갈망하는 마음의 소용돌이가 가정의 행복이라는 항구로 가까이 가려는 삶의 배를 다시금 먼 바다로 밀어냅니다."[8)]

배가 항구에 정박해 있으면 안전은 하지만 배의 존재이유는 없듯이 괴테는 만날 때 이미 이별을 구상하는 지도 모른다. 그에게 이별은 자유로운 세상으로 떠남을 의미한다. 릴리 없이 나날을 보낼 수 있는가를 시험해 보려고 괴테는 '베르테르의 패션'(푸른 연미복, 노란 조끼, 가죽 반바지, 목이 밖으로 젖혀지는 장화, 회색의 둥근 펠트모자) 컨셉으로 스위스로 여행을 떠났다. 스위스의 자연풍경들을 감상하면서 릴리에 대한 기억들을 떠올려 본다.

8) 괴테가 헤르더에게 보낸 편지. 이은희, 위의 책, 9쪽.

아름다운 릴리여, 너는 오랫동안
내 모든 기쁨과 노래였는데
아, 이젠 내 모든 고통이 되었다.
그럼에도 넌 여전히 내 모든 노래이다.

Holde Lili, warst so lang
All meine Lust und all mein Sang.
Bist, ach, nun all mein Schmerz — und doch
All mein Sang bist du noch.[9)]

아름다운 골짜기와 설원에서
항상 네 모습이 내 곁에 있었다.
마음과 마음이 서로 끌어당기지만
사랑이 사랑으로부터 벗어나려고
발버둥 치는 것을 여기서도 난 느낀다.

Im holden Tal, auf schneebedeckten Höhen
War stets dein Bild mir nah ;
Ich sah'um mich in lichten Wolken wehen,
Im Herzen war mir's da.
Empfinde hier, wie mit allmächt'gem Triebe
Ein Herz das andre zieht,
Und daß vergebens Liebe
Vor Liebe flieht.[10)]

---

9) HA. Bd.1, 104쪽.
10) HA. Bd.1, 105쪽.

산에서

릴리여, 내가 널 사랑하지 않는다면
아름다운 풍경도 무슨 기쁨이겠니!
릴리여, 내가 널 사랑하지 않는다면
내 행복을 어디에서 찾겠니?

VOM BERGE

Wenn ich, liebe Lili, dich nicht liebte,
Welche Wonne gäb' mir dieser Blick!
Und doch, wenn ich, Lili, dich nicht liebte,
Fänd' ich hier und fänd' ich dort mein Glück?[11)]

새로운 사랑, 새로운 인생

마음, 내 마음아, 무슨 말을 하려는지,
왜 이리도 마음이 답답할까?
얼마나 얼떨떨한 새로운 삶인가.
이젠 널 알아 볼 수 없구나.
사랑했던 모든 것들,
속상했던 모든 일들,
활동과 휴식마저도 사라졌다.
아, 어찌 이렇게 되었을까?

11) HA. Bd.1, 103쪽.

널 묶어 두는 것은
꽃 같은 청춘, 예쁜 모습,
한결같은 참한 눈길,
바로 이것이던가?

힘껏 재빨리
벗어나려 해도
맥없이 한순간에
그녀 곁으로 돌아가고 만다.

끊어질리 없는
마법의 실로
귀엽고 발랄한 소녀는
나를 꼼짝 못하게 묶고 만다.
그녀의 마법 같은 동그라미 속에 갇혀
난 이제 그녀 스타일로 살아야 하니,
내 인생, 아, 몰라보게 달라졌네!
사랑아, 사랑아, 나를 풀어다오.

NEUE LIEBE, NEUES LEBEN

Herz, mein Herz, was soll das geben,
Was bedränget dich so sehr?
Welch ein fremdes neues Leben –
Ich erkenne dich nicht mehr.
Weg ist alles, was du liebtest,
Weg, worum du dich betrübtest,

Weg dein Fleiß und deine Ruh –
Ach, wie kamst du nur dazu?

Fesselt dich die Jugendblüte,
Diese liebliche Gestalt,
Dieser Blick voll Treu und Güte
Mit unendlicher Gewalt?
Will ich rasch mich ihr entziehen,
Mich ermannen, ihr entfliehen,
Führet mich im Augenblick
– Ach – mein Weg zu ihr zurück.

Und an diesem Zauberfädchen,
Das sich nicht zerreißen läßt,
Hält das liebe lose Mädchen
Mich so wider Willen fest.
Muß in ihrem Zauberkreise
Leben nun auf ihre Weise;
Die Verändrung, ach, wie groß!
Liebe, Liebe, laß mich los![12)]

내 곁에 있어줘
우아한 이방인, 달달한 사랑,
마음 떠나지 말라!
아, 하늘과 땅이 새롭고
아름답게 살아난다.

---

12) HA. Bd.1, 96쪽.

이런 삶을 난생 처음 느낀다!

Bleibe, bleibe bei mir,
Holder Fremdling, süße Liebe,
Holde süße Liebe,
Und verlasse die Seele nicht!
Ach, wie anders, wie schön
Lebt der Himmel, lebt die Erde,
Ach, wie fühl' ich, wie fühl' ich
Dieses Leben zum ersten Mal![13]

그리움

타오르는 마음에서 솟아올라
말할 수 없는 새로운 아픔으로
고통에 고통이 더해져도 스스로
가라앉히는 최후의 눈물은 아니리.
고통이 신경과 혈관을 뒤집어 놓을지라도
오, 여기저기서 항상
영원한 사랑을 느끼게 해다오.

단 한번만이라도 가득 채워질 수 있다면
오 영원한 절대자로 채워질 수 있다면!
아, 이 세상의 깊은 고통은
정말 오래간다!

13) HA. Bd.1, 97쪽.

SEHNSUCHT

Dies wird die letzte Trän' nicht sein,
Die glühend Herz-auf quillet,
Das mit unsäglich-neuer Pein
Sich schmerzvermehrend stillet.
O laß doch immer hier und dort
Mich ewig Liebe fühlen,
Und möcht' der Schmerz auch also fort
Durch Nerv und Adern wühlen.

Könnt' ich doch ausgefüllt einmal
Von dir, o Ew'ger, werden!
Ach, diese lange tiefe Qual,
Wie dauert sie auf Erden![14]

3. 예술가를 소재로 한 시

전문가와 애호가에게

사랑에 충만한 창의력이
그대 마음을 채우지 않고
그대 손가락으로 다시
형상을 그리지 않는다면,

---

14) HA. Bd.1, 97-98쪽.

그대 가슴에서 타오르는
자연도, 그대의 예술도
아무런 쓸모가 없다.

AN KENNER UND LIEBHABER

Was frommt die glühende Natur
An deinem Busen dir,
Was hilft dich das Gebildete
Der Kunst rings um dich her,
Wenn liebevolle Schöpferkraft
Nicht deine Seele füllt
Und in den Fingerspitzen dir
Nicht wieder bildend wird.[15)]

예술가는 모든 대상들에게 따뜻한 관심과 애정을 갖고 창작에 몰입해야 한다.

초상화가의 노래

오, 마음 속 창의력이
내 감관을 통해 울려 나오길,
충만한 즙의 형상이
내 손가락에서 치솟길!

15) HA. Bd.1, 53쪽.

단지 떨리고 더듬거린다,
놓을 수가 없구나,
난 자연을 느끼고 잘 안다,
난 자연을 꼭 잡아야 한다.
내 감관은 오래 전부터 열려 있었고,
삭막한 황야에서 이제 환희의 샘물을 마신다.
난 자유와 사랑으로 자연을 예감한다.
신나는 분수처럼 내게 춤추고
자연의 모든 힘은 가슴 설레게 하여
지금의 나를 무한히 넓혀 준다.

LIED DES PHYSIOGNOMISCHEN ZEICHNERS

O daß die innre Schöpfungskraft
Durch meinen Sinn erschölle,
Daß eine Bildung voller Saft
Aus meinen Fingern quölle!
Ich zittre nur, ich stottre nur,
Ich kann es doch nicht lassen,
Ich fühl', ich kenne dich, Natur,
Und so muß ich dich fassen.
Wenn ich bedenk', wie manches Jahr
Sich schon mein Sinn erschließet,
Wie er, wo dürre Heide war,
Jetzt Freudenquell genießet,
Da ahnd' ich ganz, Natur, nach dir,
Dich frei und lieb zu fühlen,

Ein lust'ger Springbrunn wirst du mir
Aus tausend Röhren spielen,
Wirst alle deine Kräfte mir
In meinem Sinn erheitern
Und dieses eigne Dasein hier
Zur Ewigkeit erweitern.[16]

자연을 통해서 창의력이 발산한다. 자연을 오감으로 느껴라.

예술가의 신격화 Künstlers Apotheose[17]

대가:

예술가는 스스로를 힘들게 할수록
열성적일수록 그만큼 더 많은 것을
이룰 수 있다. 날마다 연습하면 무엇을
할 수 있는지 알게 된다!
목표가 달성되고 힘든 일이 쉬어져
점차 너는 곧바로 깨닫게 된다.

Je mehr als sich ein Künstler plagt,
Je mehr er sich zum Fleiße zwingt,
Um desto mehr es ihm gelingt.

16) HA. Bd.1, 53쪽.
17) 장시인데 핵심시행들을 중심으로 요약했음. HA. Bd.1, 68-76쪽.

Drum übe dich nur Tag für Tag,
Und du wirst sehn, was das vermag!
Dadurch wird jeder Zweck erreicht,
Dadurch wird manches Schwere leicht,
Und nach und nach kommt der Verstand
Unmittelbar dir in die Hand.

애호가:

자연은 대가 중의 대가이다!
자연은 정신 중의 정신을 제시하고
육체의 정신을 보게 하고
은밀한 것을 알게 해 준다.
내 충고를 들으세요!
남이 이뤄 놓은 것을 뒤따라 하는 게
무슨 쓸모가 있겠소. 당신은 길을 잘못 들었어요.
자연이 최고란 말입니다.

Denn die Natur ist aller Meister Meister!
Sie zeigt uns erst den Geist der Geister,
Läßt uns den Geist der Körper sehn,
Lehrt jedes Geheimnis uns verstehn.
Ich bitte, lassen Sie sich raten!
Was hilft es, immer fremden Taten
Mit größter Sorgfalt nachzugehn?
Sie sind nicht auf der rechten Spur;
Natur, mein Herr! Natur! Natur!

대가:

너 혼자 손 연습을 하고 있다.
눈길과 깨달음 연습도 하고 있다.
자연과 본능을 통해 비상한 것으로 비상하는 것은
운 좋은 천재에게도 어려운 일이다.
예술은 예술이다! 이것을 깊이 사유하지 않고서는
예술가가 될 수 없다. 뭔가 좋은 일을 하기 전에
먼저 그것을 제대로 알고 있어야 한다.

Allein du übst die Hand,
Du übst den Blick, nun üb' auch den Verstand.
Dem glücklichsten Genie wird's kaum einmal ge-
Sich durch Natur und durch Instinkt allein [lingen
Zum Ungemeinen aufzuschwingen:
Die Kunst bleibt Kunst! Wer sie nicht durchge-
Der darf sich keinen Künstler nennen; [dacht,
Hier hilft das Tappen nichts; eh' man was Gutes
Muß man es erst recht sicher kennen. [macht,

대가:

오늘날 살기가 편해졌는데
나한테 누가 배우러 오겠는가.
내가 진정 부르고 싶은 노래를
누구나 듣기 좋아하지는 않는다.

Man hat's bequemer heutzutag,
Als unter meine Zucht sich zu bequemen :
Das Lied, das ich so gerne singen mag,
Das mag nicht jeder gern vernehmen.

대가:

젊음이란 날개를 펼쳐야하고
사랑과 미움 속에서 강렬하게 움직여야 한다.

Ein Jüngling muß die Flügel regen,
In Lieb' und Haß gewaltsam sich bewegen.

뮤즈:

너의 작품이 어떤 인상을 주는지 보아라.
너의 가장 순수한 시간에
내면에서 느꼈던 것,
절제와 지혜로써 깊이 생각했던 것
고요하고 성실한 근면으로 이뤄낸 것을!

Sieh, was dein Werk für einen Eindruck macht,
Das du in deinen reinsten Stunden
Aus deinem innern Selbst empfunden,
Mit Maß und Weisheit durchgedacht,
Mit stillem, treuem Fleiß vollbracht!

뮤즈:

고상한 사람은 오래 동안
그와 비슷한 사람에게 강력한 영향을 미친다.
착한 사람이 달성할 수 있는 것은
삶의 좁은 공간 안에서는 이를 수 없다.
그는 사후에도 계속 살아 있고
살아 있을 때처럼 영향력이 있다.
착한 행동, 아름다운 말은 사라지지 않고 지속된다.
너 또한 무한한 시간을 살고 있으니
불멸을 향유하라!

So wirkt mit Macht der edle Mann
Jahrhunderte auf seinesgleichen
Denn was ein guter Mensch erreichen kann,
Ist nicht im engen Raum des Lebens zu erreichen.
Drum lebt er auch nach seinem Tode fort
Und ist so wirksam, als er lebte;
Die gute Tat, das schöne Wort,
Es strebt unsterblich, wie er sterblich strebte.
So lebst auch du durch ungemeßne Zeit.
Genieße der Unsterblichkeit!

열성과 근면으로 대가의 반열에 오르고, 예술 활동을 통해 불멸을 즐겨라.

인연의 노래[18)]

오늘 유쾌하게 달아오르자
진심으로 하나가 되자!
포도주다운 포도주를
새로운 기쁨으로 마시자!
분위기 좋은 순간에
술잔을 부딪치자
새로운 인연 생길 때마다
나이든 사람들도 젊어진다!

So glühet fröhlich heute,
Seid recht von Herzen eins!
Auf, trinkt erneuter Freude
Dies Glas des echten Weins!
Auf, in der holden Stunde
Stoßt an und küsset treu
Bei jedem neuen Bunde
Die alten wieder neu!

자유로운 인생의 눈길로
신은 우리를 축복했다.
마주치는 모든 것은
우리의 행복을 새롭게 한다.

---

18) 이 시는 기회 시이지만 예술과도 관련성이 있다. 이 시의 핵심부분만을 번역하여 해설한다. HA. Bd.1, 95쪽.

망상에 사로잡히지 않으면
의욕이 살아있고
가식으로 옥죄이지 않으면
우리의 마음은 더욱 자유롭게 뛴다.

Uns hat ein Gott gesegnet
Mit freiem Lebensblick,
Und alles, was begegnet,
Erneuert unser Glück
Durch Grillen nicht gedränget
Verknickt sich keine Lust;
Durch Zieren nicht geenget
Schlägt freier unsre Brust.

발걸음을 내디딜 때마다
급속한 인생길은 넓어지고
우리의 눈길은 점점 더
유쾌하게 저 위를 향한다.
우리는 결코 불안하지 않다,
모든 일이 잘 되든 안 되든
우리는 오래오래 어울려 있겠지.

Mit jedem Schritt wird weiter
Die rasche Lebensbahn,
Und heiter, immer heiter
Steigt unser Blick hinan.
Uns wird es nimmer bange,

Wenn alles steigt und fällt,
Und bleiben lange, lange,
Auf ewig so gesellt.

진심은 우리에게 자유를 가져다준다.

가뉘멧

이 시는 주체와 객체의 합일, 우주와의 신비적인 합일, 인간과 자연의 조화, 문명사회에 대한 비판, 자기본성의 근원지로 돌아감을 단적으로 보여준다. 가뉘멧은 그리스 신화에 나오는 미소년으로 올림포스에서 열리는 신들의 연회에서 술을 따른다. 1774년에 쓴 찬가 형식의 이 시는 괴테의 질풍노도적인 성향이 잘 드러나 있다.

왜 이렇게 그대, 아침노을 속,
온통 불타는 눈빛으로 날 바라보는가.
봄이여, 연인이여!
수 천 겹 사랑의 환희와 함께
내 가슴으로 밀려온다.
영원한 그대의 따사로움,
성스러운 느낌,
무한한 아름다움이여!

그대 껴안고 싶어라
이 품 속에!

아, 그대 가슴에
누워 있어도 그리워 마음조려
그대의 꽃들, 그대의 풀잎들
내 가슴에 밀려오고
그대 내 마음의
타는 갈증 달래준다,
사랑스런 아침 바람이여,
저 안쪽 안개 서린 골짜기에선
밤 꾀꼬리들이
날 향해 사랑노래 부른다.

나는 간다! 나는 간다!
어디로? 아, 어디로?

위로, 위로 마냥 향한다.
구름이 아래로
떠내려 온다, 구름이
애타는 사랑에게로 다가온다.
내게로, 내게로!
그대들의 품 안에서
위로!
얼싸 안으며 얼싸 안겨있다!
위로
그대 가슴 안에서,
모든 것 사랑하는 주여!

GANYMED

Wie im Morgenrot
Du rings mich anglühst,
Frühling, Geliebter!
Mit tausendfacher Liebeswonne
Sich an mein Herz drängt
Deiner ewigen Wärme
Heilig Gefühl,
Unendliche Schöne!

Daß ich dich fassen möcht
In diesen Arm!

Ach, an deinem Busen
Lieg ich, schmachte,
Und deine Blumen, dein Gras
Drängen sich an mein Herz.
Du kühlst den brennenden
Durst meines Busens,
Lieblicher Morgenwind,
Ruft drein die Nachtigall
Liebend nach mir aus dem Nebeltal.

Ich komme! Ich komme!
Wohin? Ach, Wohin?

Hinauf, hinauf strebt's.
Es schweben die Wolken
Abwärts, die Wolken
Neigen sich der sehnenden Liebe,
Mir, mir!
  In eurem Schoße
Aufwärts
An deinem Busen,
Alliebender Vater![19)]

Ⅱ. 고전주의 시기의 시

바이마르공국의 통치자인 아우구스트 공작의 초청으로 괴테는 바이마르에 가서 10년 정도 고위 관리직인 추밀 고문관으로 여러 분야에서 활동을 한다.

괴테는 바이마르에서 활동할 때 7년 연상의 슈타인 부인을 알게 되었다. 궁정 여성 관리였던 슈타인 부인의 맑은 인품과 매력에 반했다. 슈타인 부인의 차가운 아름다움에서 뿜어 나오는 '영원한 여성적 사랑'을 괴테는 온 몸으로 느끼며, 슈타인 부인의 영향으로 순수와 절제를 중요하게 생각하게 된다.

19) HA. Bd.1, 46-47쪽.

1. 리다 시편

리다(Lida)는 슈타인 부인의 애칭으로 괴테가 그녀에게 보낸 헌시들은 '리다 시편'으로 출간되었다.

괴테는 슈타인 부인에게 1,800여 통의 편지를 보내면서 서로 교류했다. 그녀 쪽으로 기우는 모든 애착은 고통이지만 사랑은 인생의 에센스이며 멈추지 않는 행복이라고 고백한다.

유부녀인 슈타인 부인을 사랑해서는 안 되지만 괴테는 그녀를 무척 사랑하고 있음을 느낀다. 그는 사랑의 맑음과 사랑의 힘 속에서 살고 있으며 사랑의 기쁨은 고통이다. 이루어질 수 없는 사랑으로 살아간다. 그의 삶은 그녀의 삶에 매달려 있다. 그는 기쁨과 고통 사이를 외롭게 거닐고 있다. 그녀는 괴테에게 멘토와 같은 영향을 미쳐 괴테는 질풍노도에서 벗어나 고전주의로 접어들면서 이성과 감성, 정신과 육체 사이의 대립과 갈등을 조화와 균형으로 승화시켜 아름다운 영혼을 갖춘 사람다운 사람을 형성하는데 몰입한다.

그칠 줄 모르는 연모

눈과 비바람을 맞으며
안개 낀 계곡을 따라
계속해서 앞으로 나아간다!
인생의 기쁨에 안주하기 보다는
인생의 고통을 정면 돌파 하겠다.
마음속에서 들끓는 모든 집착으로
특이한 고통이 생겨난다.
어디로 달아나란 말인가?

숲속으로 달아나란 말인가?
그래봤자 헛된 수고!
인생의 왕관, 한없는 행복,
사랑이여, 바로 그대로구나!

RASTLOSE LIEBE

Dem Schnee, dem Regen,
Dem Wind entgegen,
Im Dampf der Klüfte,
Durch Nebeldüfte,
Immer zu! Immer zu!
Ohne Rast und Ruh!
Lieber durch Leiden
Möcht' ich mich schlagen,
Als so viel Freuden
Des Lebens ertragen.
Alle das Neigen
Von Herzen zu Herzen,
Ach wie so eigen
Schaffet das Schmerzen!
Wie soll ich fliehen?
Wälderwärts ziehen?
Alles vergebens!
Krone des Lebens,
Glück ohne Ruh,
Liebe, bist du![20]

맑고 고요한 자연처럼 마음을 갈고 닦으며
아, 내 마음은 오래된 고통으로 가득합니다.
그 고통으로 살아가서는 안 되지만
난 항상 그 고통을 위해 살아가고 있습니다.

Hier bildend nach der reinen stillen
Natur, ist ach mein Herz der alten Schmerzen voll,
Leb' ich doch stets um derentwillen,
Um derentwillen ich nicht leben soll.[21)]

아, 당신과 나, 어떻게 서로에게
머물 수 있겠습니까?
사실에 속상해 하지 않겠습니다.
아, 당신은 내 곁에 있을 땐
사랑해선 안 될 사람이지만
떨어져 있으면 난 당신을 무척 사랑한다고 느낍니다.

Ach, wie bist du mir,
Wie bin ich dir geblieben
Nein, an der Wahrheit
Verzweifl' ich nicht mehr.
Ach, wenn du da bist,
Fühl' ich, ich soll dich nicht lieben,
Ach, wenn du fern bist,
Fühl' ich, ich lieb' dich so sehr.[22)]

---

20) HA. Bd.1, 124쪽.
21) HA. Bd.1, 124쪽.

당신의 안부 인사는 잘 받았습니다.
이제 사랑은 숱한 모습으로 나타나고
꽃에게 색상과 향기를 주네요.
아침이고 밤낮이고 사랑은
하늘과 풀밭과 숲속으로 널리 퍼져
내겐 무척 눈부신 모습입니다.
사랑은 새로운 것을 날마다 만들어 내고
꿀벌도 우리 귀에다 삶을 속삭입니다.
머물러라, 봄이여, 천사여, 당신은 꿈처럼 달아나 버립니다.
항상 당신을 연모합니다.
하늘가에 있는 듯 당신에게서 기쁨을 맛보고 싶습니다.

Deine Grüße hab' ich wohl erhalten.
Liebe lebt jetzt in tausend Gestalten,
Gibt der Blume Farb' und Duft,
Jeden Morgen durchzieht sie die Luft,
Tag und Nacht spielt sie auf Wiesen, in Hainen,
Mir will sie oft zu herrlich erscheinen.
Neues bringt sie täglich hervor,
Leben summt uns die Biene ins Ohr.
Bleib, ruf ich oft, Frühling, man küsset dich kaum,
Engel, so fliehst du wie ein schwankender Traum.
Immer wollen wir dich ehren und schätzen,
So uns an dir wie am Himmel ergötzen.[23]

22) HA. Bd.1, 125쪽.
23) HA. Bd.1, 126쪽.

내 마음에서처럼 자라나라
하늘가로 퍼져가라
기쁨과 아픔을 나무뿌리 밑에 파묻어 놓았으니.
그늘을 만들고, 열매를, 날마다 새로운 기쁨을 맺으라.
나, 그녀를 시로 쓰고, 그녀 바로 곁에서 기쁨을 맛보도록!

Wachset wie aus meinem Herzen,
Treibet in die Luft hinein;
Denn ich grub viel Freud und Schmerzen
Unter eure Wurzeln ein.
Bringet Schatten, traget Früchte,
Neue Freude jeden Tag:
Nur daß ich sie dichte, dichte,
Dicht bei ihr genießen mag![24]

막강한 별들이 내 운명을 당신의 운명에
매달아 놓지 않았더라면 난 이미 아주 멀리
넓게 펼쳐있는 세상으로 떠나 버렸겠지요.
당신 안에서 비로소 나를 알게 됩니다.
나의 시 창작, 노력, 희망, 열망은
당신만을 향하고, 나의 인생은 당신에게 매달려 있습니다.

Gewiß, ich wäre schon so ferne, ferne,
So weit die Welt nur offen liegt, gegangen,
Bezwängen mich nicht übermächt'ge Sterne,

24) HA. Bd.1, 126쪽.

Die mein Geschick an deines angehangen,
Daß ich in dir nun erst mich kennen lerne.
Mein Dichten, Trachten, Hoffen und Verlangen
Allein nach dir und deinem Wesen drängt,
Mein Leben nur an deinem Leben hängt.[25]

연모와 흠모의 대상은 시인을 높은 차원으로 이끌어 올린다.

우리가 만날 때마다 서로의 눈길에서
강렬한 꿈과 예감을 느낍니다.
운명이 우리에게 무엇을 주려는가?
운명은 왜 우리 두 사람을 이렇게 잘 묶어 놓았는가?
아, 당신은 우리가 태어나기 전부터
내 누이 아니면 내 아내였던 것 같군요.

당신은 나를 속속들이 다 알고 있었습니다.
사람들이 느끼기 어려운 내 순수한 마음의 울림을
당신은 단 한번 눈길로 읽어 낼 수 있었습니다.
내 들끓는 피에다 절제의 방울들을 떨어뜨려 주었고
이리저리 길 잃은 내 발 걸음을 제대로 안내해 주었습니다.
상처뿐인 내 마음은 당신의 천사 같은
품 안에서 다시 살아났습니다.

Jede Gegenwart und jeder Blick bekräftigt
Traum und Ahndung leider uns noch mehr.

25) HA. Bd.1, 127쪽.

Sag, was soll das Schicksal uns bereiten?
Sag, wie band es uns so rein genau?
Ach, du warst in abgelebten Zeiten
Meine Schwester oder meine Frau;

Kanntest jeden Zug in meinem Wesen,
Spähtest, wie die reinste Nerve klingt,
Konntest mich mit einem Blicke lesen,
Den so schwer ein sterblich Aug durchdringt.
Tropftest Mäßigung dem heißen Blute,
Richtetest dem wilden irren Lauf,
Und in deinen Engelsarmen ruhte
Die zerstörte Brust sich wieder auf.[26]

순수, 절제, 질서가 인간다운 인간을 형성한다.

우리가 태어 난 곳은 어디인가요?
사랑에서요.
우리가 어떻게 사라질까요?
사랑이 없어지면요.
우리를 이겨내도록 도와주는 것은요?
사랑이지요.
사랑은 찾아낼 수 있는가요?
사랑을 통해서 지요.
오래 동안 울지 않게 하는 것은요?

26) HA. Bd.1, 123쪽.

사랑이지요.
무엇이 늘 우리를 이어주는가요?
사랑이지요.

Woher sind wir geboren?
  Aus Lieb'.
Wie wären wir verloren?
  Ohn' Lieb'.
Was hilft uns überwinden?
  Die Lieb'.
Kann man auch Liebe finden?
  Durch Lieb'
Was läßt nicht lange weinen?
  Die Lieb'.
Was soll uns stets vereinen?
  Die Lieb'.[27]

사랑은 모든 것을 포괄한다.

2. 인생, 세계, 자연을 소재로 한 시

괴테는 39세 때 이탈리아여행에서 다시 바이마르로 돌아와서 평민 출신인 23세의 크리스티아네 불피우스와 사랑을 불 피운다. 18년간의 동거 생활 끝에 마침내 결혼하는데, 그녀는 생기발랄하

27) HA. Bd.1, 128쪽.

고 섬세하고 집안일을 잘하는 현모양처 스타일로 괴테를 편안하게 해 주었다. 괴테의 대학시절 연애가 생김치나 겉절이 맛이라면, 크리스티아네와의 사랑은 묵은지 맛이다. 뜨내기 사랑이냐 순정파 사랑이냐, 그것이 문제다.

발견

나 홀로
숲 속을 거닐었다.
아무것도
찾을 생각 없었다.

그늘 속에 피어 있는
한 송이 꽃 보았다.
별처럼 빛나고
눈망울처럼 예쁜 꽃.

꺾으려니
가냘프게 속삭였다.
꺾여 시들면
직성이 풀리겠어요?

뿌리째 파내 보니
참 참하다.
아담한 집 정원으로
그 꽃을 가져 왔다.

한적한 자리 골라
다시 심어 놓으니
때가 되면 가지 쳐서
늘 피어 있다.

Gefunden

Ich ging im Walde
So für mich hin,
Und nichts zu suchen,
Das war mein Sinn.

Im Schatten sah ich
Ein Blümchen stehn,
Wie Sterne leuchtend,
Wie Äuglein schön.

Ich wollt es brechen,
Da sagt es fein :
Soll ich zum Welken
Gebrochen sein?

Ich grub's mit allen
Den Würzlein aus,
Zum Garten trug ich's
Am hübschen Haus.

Und pflanzt es wieder
Am stillen Ort ;
Nun pflanzt es immer
Und blüht so fort.[28)]

괴테가 아내를 위해 쓴 시이다. 그녀는 서민 출신으로 괴테와는 신분차이가 극명했으나 두 사람은 자석처럼 서로를 끌어 당겼다. 에너제틱한 끌어당김 없이 어떻게 애정이 꽃피겠는가. 서로를 통제 불능한 상태로 몰고 가는 것이 사랑의 불꽃이 아닌가. 그러기에 니체는 "불꽃처럼 끝없이 타올라 스스로를 소진시킨다"[29)]고 외치지 않았는가.

그녀가 먼저 세상을 떠나자 괴테는 슬픈 나날을 보냈고, 아내를 잃고 나서 사랑을 고통이 대부분인 두툼한 기이한 책에 비유한다. 책장을 넘길 때마다 연인과의 아름다웠던 추억들이 살아나 그리움의 둑을 쌓고, 그리움의 둑이 무너지기 전에 그리운 사람을 만나야 하지만 만날 수 없을 때 그리움의 끝은 몸서리치는 고통이다. 아롱아롱 그리운 모습은 사랑의 고통이다.

미뇽

그리움이 뭔지 아는 사람만이
나의 아픔을 알겠지!
모든 기쁨이 사라진 지금

28) HA. Bd.1, 254-255쪽.
29) 니체의 시 『이 사람을 보라』 참조.

저 머나먼 하늘가를 쳐다본다.
아! 나를 잘 알고 사랑해 주는 사람은
저 머나먼 곳에 있다.
속이 울렁거리며 어지럽다.
그리움이 뭔지 아는 사람만이
나의 아픔을 알겠지!

Mignon

Nur wer die Sehnsucht kennt,
Weiß, was ich leide!
Allein und abgetrennt
Von aller Freude,
Seh' ich ans Firmament
Nach jener Seite.
Ach! der mich liebt und kennt,
Ist in der Weite.
Es schwindelt mir, es brennt
Mein Eingeweide.
Nur wer die Sehnsucht kennt,
Weiß, was ich leide![30)]

눈물 젖은 빵을 먹어 본 적이 없는 사람
숱한 밤을 걱정으로

30) 미농의 노래, 괴테의 소설 『빌헬름 마이스터의 수업시대』 제4장에 나오는 시. HA. Bd.7, 240-241쪽.

지새워 본 적이 없는 사람은
천상의 힘들을 알 리가 없다.

Wer nie sein Brot mit tränen aß,
Wer nie die kummervollen Nächte
Auf seinem Bette weinend saß,
Der kennt euch nicht, ihr himmlischen Mächte.[31)]

이 시들은 괴테의 교양소설 『빌헬름 마이스터의 수업시대』(1796)에서 미뇽과 하프 켜는 노인이 부르는 판타스틱 듀엣이다. 하프 켜는 노인은 미뇽의 아버지이지만 둘 다 그 사실을 알지 못하고 곡예단에서 함께 활동한다. 빌헬름이 자신의 생명을 구해준 여성인 나탈리에를 그리워하는 순간에 이 듀엣이 울려 퍼진다.

빌헬름은 유랑극단에서 미뇽을 만나게 된다. 미뇽 Mignon은 12-13세가량의 이탈리아 출신의 소녀로 유랑극단에서 곡예연기와 춤을 춘다. 어느 날 미뇽이 잘못 연기해 단장에게 야단맞고 있을 때 빌헬름은 그녀를 도와준다. 미뇽은 인간미 넘치는 빌헬름에게 불꽃같은 사랑을 느끼지만 빌헬름은 약혼녀 테레제가 있어서 이뤄질 수 없는 사랑이었다. 미뇽은 충격으로 인한 심장마비로 숨을 거둔다. 사랑하는 사람에 대한 그리움으로 죽음에 이르게 된 것이다.

그리움에 젖어 슬픈 예감과 눈물로 범벅이 된 채 밤을 하얗게 태울 때 세상만사에 찌들린 마음의 묵은 때가 빠져 나간다. 이럴

31) 하프 켜는 노인이 부르는 노래, 괴테의 소설 『빌헬름 마이스터의 수업시대』 제13장에 나오는 시. HA. Bd.7, 136쪽.

때 맑은 마음의 눈으로 바로 눈앞에 있는 것들을 제대로 볼 수 있다. 일상성에 함몰된 채 하루하루 힘겹게 살아가는 오늘날 사람들의 가슴 속에 섬광 같은 그리움이 자주 빛날 때 행복해 질 수 있고 시와 예술이 태어날 수 있다.

사랑하는 사람에 대한 그리움으로 죽음에 이르는 미뇽의 비극적 운명은 이 세상 삶에서 충족될 수 없는 근원적 그리움이자 아름다운 낭만적 영혼이다.

희망

내 두 손으로 날마다 할 일들을
마무리해 낸다는 것은 커다란 행복이다.
지치지 않고 계속 밀고 나간다면
지금은 줄기여도 이 나무 머지않아
열매와 그늘을 줄 것이다.

HOFFNUNG

Schaff', das Tagwerk meiner Hände,
Hohes Glück, daß ich's vollende!
Laß, o laß mich nicht ermatten!
Nein, es sind nicht leere Träume:
Jetzt nur Stangen, diese Bäume
Geben einst noch Frucht und Schatten.[32]

32) HA. Bd.1, 131쪽.

희망이 있어야 미래가 밝다. 힘들수록 희망을 희망하라.

걱정

원을 그리며 떠돌지 말라!
오, 내 스타일 대로
행복하게 살고 싶다!
달아날까 아니면 행복을 붙잡을까?
이제 절망은 그만.
걱정아, 날 행복하게 해주지 않으려면
영리 하게나 해 다오.

SORGE

Kehre nicht in diesem Kreise
Neu und immer neu zurück!
Laß, o laß mir meine Weise,
Gönn', o gönne mir mein Glück!
Soll ich fliehen? Soll ich's fassen?
Nun, gezweifelt ist genug.
Willst du mich nicht glücklich lassen,
Sorge, nun so mach' mich klug![33)]

걱정을 멀리하고 행복을 가까이 하라.

---

33) HA. Bd.1, 131쪽.

마음에 새기기

아, 인간은 뭘 바라야 하는 것인가?
조용히 있는 게 더 좋을까?
꽉 잡으며 매달릴까?
스스로를 몰아대는 게 좋을까?
작은 집을 세워볼까?
천막을 치고 살까?
바위도 흔들리는데
바위위에 올라설까?

어떤 것이든 모든 사람에게 다 들어맞는 것은 아니다.
자기가 뭘 하고 있는지, 어디에 있는지
알고 있어야 한다.
자립한 사람은 쓰러지지 않길.

BEHERZIGUNG

Ach, was soll der Mensch verlangen?
Ist es besser, ruhig bleiben?
Klammernd fest sich anzuhangen?
Ist es besser, sich zu treiben?
Soll er sich ein Häuschen bauen?
Soll er unter Zelten leben?
Soll er auf die Felsen trauen?
Selbst die festen Felsen beben.

Eines schickt sich nicht für alle.
Sehe jeder, wie er's treibe,
Sehe jeder, wo er bleibe,
Und, wer steht, daß er nicht falle![34]

좋아하는 일과 잘 할 수 있는 일을 찾아서 몰입하면 성공한다.

기억하라

너는 늘 저 먼 곳으로 떠돌려 하는가?
좋은 것은 늘 이렇게 가까이 있는데
행복을 붙잡는 법만 터득하라
행복은 늘 지금 여기에 있으니까.

ERINNERUNG

Willst du immer weiter schweifen?
Sieh, das Gute liegt so nah.
Lerne nur das Glück ergreifen,
Denn das Glück ist immer da.[35]

행복은 지금, 여기, 순간에 있다.

---

34) HA. Bd.1, 133쪽.
35) HA. Bd.1, 133쪽.

행복에 관한 명언

1. 행복은 나비와 같다. 따라가려 하면 자꾸 당신 손아귀를 벗어난다. 하지만 당신이 가만히 앉아 있으면 아마 당신위에 살며시 앉을 것이다.(나다니엘 호손)
2. 인생의 목적이 행복이라고 단정 짓지 말아야 행복할 수 있다.(오웰).
3. 어떤 사람들은 가는 곳마다 행복을 만들어 내고, 어떤 사람들은 떠날 때마다 행복을 만들어 낸다.(오스카 와일드)
4. 행복을 기억하긴 정말 어렵다. 행복은 섬광이기 때문이다.(프랭크 맥코트)
5. 가장 큰 행복이란 사랑하고 그 사랑을 고백하는 것이다.(앙드레 지드)
6. 어떤 수를 다 해서라도 결혼해라. 좋은 아내를 만나면 행복할 것이고, 나쁜 아내를 만나면 철학자가 될 것이다.(소크라테스)
7. 결혼이란 폭풍의 하늘에 걸린 무지개다.(바이런)
8. 행복이란 타인의 불행을 바라봄으로써 생기는 쾌감이다.(비어스)
9. 돈 없이도 행복할 수 있다고 설파하는 것은 정신적 허영이다.(카뮈)

긍정 심리학자 마틴 셀리그먼: 행복은 즐거움, 열정, 의미로 이루어져 있다.

행복 전문가 바버라 프레드릭슨: 행복은 기쁨, 감사, 평온, 관심, 희망, 프라이드, 즐거움, 영감, 경외심, 사랑으로 구성되어 있다.

괴테는 실러와 교류하면서 서로 격려하여 독일문학을 세계문학의 반열로 끌어 올렸는데, 실러의 시 한편을 감상한다.

환희의 송가 An die Freude

- 실러의 시(1785), 베토벤 작곡 1823년

제1연

환희여, 신들이 내려준 아름다운 섬광이여,
그대는 이상향에서 태어났노라.
우린 달아오른 기쁨으로
성스런 그대에게 다가 가노라.
환희의 힘으로
모든 사람들이 평등해지고
환희의 부드러운 날개로
모든 사람들은 형제가 되노라.

온 세상 사람들이여, 서로 얼싸 안자, 모두 다 같이!
서로 환희에 찬 마음을 나누자!
형제들이여, 별이 빛나는 저 하늘엔
사랑하는 주님이 머물고 있노라.

Freude, schöner Götterfunken,
Tochter aus Elysium,
Wir betreten feuertrunken,
Himmlische, dein Heiligtum.

Deine Zauber binden wieder,
Was die Mode streng geteilt;
Alle Menschen werden Brüder,
Wo dein sanfter Flügel weilt.

Seid umschlungen, Millionen!
Diesen Kuß der ganzen Welt!
Brüder - überm Sternenzelt
Muß ein lieber Vater wohnen.

이 시는 총 8연으로 실러 Schiller(1759-1805)가 1785년에 썼다. 춥고 배고픈 시절에 그를 많이 도와준 쾨르너 Körner(1756-1831)에게 고마운 마음을 시로 표현했다. 우정을 넘어 인류애로까지 승화시키고 있어서 베토벤(1770-1827)은 이 시를 제9교향곡 '합창' 제4악장에 작곡했다. 이 교향곡은 1824년 빈에서 초연되었다.

독창(8행)과 합창(4행) 순으로 되어 있다. 노래가 시작되기 전 도입부에 베토벤은 이런 멘트를 넣었다: "오! 친구들이여, 이런 목소리가 아니라, 유쾌하고 환희에 가득 찬 목소리가 울려 퍼지게 하라!"(O Freunde, nicht diese Töne! sondern lasst uns angenehmere anstimmen, und freudenvollere.)

베토벤 후기 음악의 특징: 환희와 인류애, 기도, 초월과 극복. 시와 음악이 하나가 되어 인간의 정신을 자유롭게 하고, 서로 화목하게 한다.

총 4악장으로 구성되어 있는데, 제4악장은 presto(매우 빠르게)로 연주되면서 독일어 원문 문체, 내용과 주제와 한데 어우러져 질풍노도의 특성에 알맞다.

괴테: 삶의 밭

눈물로 씨 뿌리지 않고
밭이랑에 물을 주지 않고서야
풍성한 알곡들을 거두리라고
우리는 기대할 수 없다.

이렇듯 우리의 신비한 세계를
아무런 대가도 없이 얻을 수는 없다.
가시밭이든 꽃밭이든
삶의 밭은
우리가 뿌리는 대로 거둘 것이다.

날마다 의미 있는 일을 적어도 하나는 행하라.

괴테: 마왕

누가 늦은 밤에 바람을 가르며 말을 타는가?
아버지와 아들이다.
아버지는 아이를 품속에 꼭 품고 있다.
아이를 꼭 잡고 따뜻하게 감싸고 있다.

아들아, 무엇이 무서워 얼굴을 숨기느냐?
아빠, 마왕이 저기 있어요.

왕관과 꼬리 있는 마왕이 있어요.
아들아, 그건 띠같이 깔려있는 안개란다.

"사랑스런 아이야, 나와 같이 가자꾸나!
정말 신나는 놀이로 너와 같이 놀아주마.
형형색색 꽃들이 해변에 가득 피어 있고,
내 어머니는 황금의상도 많단다."

아빠, 아빠, 아빠에겐 들리지 않으세요?
저한테 약속하는 마왕의 목소리가요.
아이야, 안심해라, 가만히 있어라!
바람이 바싹 마른 나뭇잎들을 스치는 소리란다.

"착한 아이야, 나와 함께 가겠니?
내 딸들이 너를 잘 돌 볼 거야.
내 딸들이 밤마다 윤무를 추고
노래와 춤으로 너를 잠재워 줄 거야."

아빠, 아빠, 저기 보세요?
어두컴컴한 곳에 마왕의 딸들이 있어요.
얘야, 얘야, 나도 똑똑히 보고 있단다.
버드나무 고목들이 그렇게 잿빛으로 보이는 거란다.

"난 널 사랑해, 네 귀여운 모습은 날 사로잡아.
네가 싫다 해도 억지로 할 수밖에 없지."
아빠, 아빠, 마왕에게 잡혀 버렸어요!
마왕이 입힌 상처로 죽을 것만 같아요!

아버지는 무척 놀라 쏜살같이 말을 달린다.
신음하는 아이를 팔에 꼭 품고서,
힘겹게 간신히 집에 돌아왔건만,
품에 안긴 아이는 숨져 있었다.

Erlkönig

Wer reitet so spät durch Nacht und Wind?
Es ist der Vater mit senem Kind ;
Er hat den Knaben wohl in dem Arm,
Er faßt ihn sicher, er hält ihn warm.

Mein Sohn, was birgst du so bang dein Gesicht? –
Siehst, Vater, du den Erlkönig nicht?
Den Erlenkönig mit Kron und Schweif? –
Mein Sohn, es ist ein Nebelstreif. –

"Du liebes Kind, komm, geh mit mir!
Gar schöne Spiele spiel ich mit dir ;
Manch bunte Blumen sind an dem Strand ;
Meine Mutter hat manch gülden Gewand."

Mein Vater, mein Vater, und hörest du nicht,
Was Erlenkönig mir leise verspricht? –
Sei ruhig, bleibe ruhig, mein Kind!
In dürren Blättern säuselt der Wind. –

"Willst, feiner Knabe, du mit mir gehn?
Meine Töchter sollen dich warten schön ;
Meine Töchter führen den nächtlichen Reihn
Und wiegen und tanzen und singen dich ein."

Mein Vater, mein Vater, und siehst du nicht dort
Erlkönigs Töchter am düstern Ort? -
Mein Sohn, mein Sohn, ich sehe es genau ;
Es scheinen die alten Weiden so grau. -

"Ich liebe dich, mich reizt deine schöne Gestalt ;
Und bist du nicht willig, so brauch ich Gewalt." -
Mein Vater, mein Vater, jetzt faßt er mich an!
Erlkönig hat mir ein Leids getan! -

Dem Vater grauset's, er reitet geschwind,
Er hält in Armen das ächzende Kind,
Erreicht den Hof mit Mühe und Not ;
In seinen Armen das Kind war tot.[36)]

발라데 Ballade는 이야기 시, 담시라고도 말한다. 괴테는 발라데를 서정적, 서사적, 극적인 요소들이 섞여있는 원란 Ur-Ei 이라고 설명한다.

이 시에서는 마왕, 아버지, 아들, 서술자, 4명이 등장한다. 마왕은 아이에게 '아주 신나는 놀이', '예쁜 옷과 꽃'을 제시하며 아이

36) HA. Bd.1, 154-155쪽.

를 유혹한다. 마왕은 모계질서를, 아버지는 가부장적인 세계를, 아들은 순수성의 세계를 각각 대변한다. 슈베르트가 1815년에 이 시를 작곡했다.

보물 찾는 사람

주머니는 텅 비어 있고,
마음은 오래 동안 아파왔다.
가난은 제일 큰 문제,
부유함은 제일 큰 재산!
가난한 고통을 끝장내려고
난 보물을 찾으러 갔다.
"내 영혼을 주고 소유하라!"고
나의 피로 적어 넣었다.

동그라미들을 그렸고
이상한 불꽃과 잡초와 뼈를 모아
주문을 외웠다.
옛날부터 전해오는 장소에서
보물을 캐내기 시작했다.
칠흑같이 어두운 밤에 폭풍이 몰아쳤다.

열두 시쯤 되었을 때
멋진 소년이 멀리서
불빛을 반짝이며 다가왔다.
사랑스런 눈이 빛나고 있었고,

꽃다발과 천상의 불빛에 감싸여
소년은 원 안으로 들어왔다.
소년은 내게 말했다.
“맑은 삶의 용기를 마시라!
그러면 그대는 깨달아
더 이상 쓸데없이 보물을 캐지 않을 것이다.!”

DER SCHATZGRÄBER

Arm am Beutel, krank am Herzen,
Schleppt' ich meine langen Tage.
Armut ist die größte Plage,
Reichtum ist das höchste Gut!
Und zu enden meine Schmerzen,
Ging ich, einen Schatz zu graben.
„Meine Seele sollst du haben!“
Schrieb ich hin mit eignem Blut.

Und so zog ich Kreis' um Kreise,
Stellte wunderbare Flammen,
Kraut und Knochenwerk zusammen :
Die Beschwörung war vollbracht.
Und auf die gelernte Weise
Grub ich nach dem alten Schatze
Auf dem angezeigten Platze :
Schwarz und stürmisch war die Nacht.

Und ich sah ein Licht von weiten,
Und es kam gleich einem Sterne
Hinten aus der fernsten Ferne,
Eben als es zwölfe schlug.
Und da galt kein Vorbereiten.
Heller ward's mit einem Male
Von dem Glanz der vollen Schale.
Die ein schöner Knabe trug.

Holde Augen sah ich blinken
Unter dichtem Blumenkranze;
In des Trankes Himmelsglanze
Trat er in den Kreis herein.
Und er hieß mich freundlich trinken;
Und ich dacht': es kann der Knabe
Mit der schönen lichten Gabe
Wahrlich nicht der Böse sein.

„Trinke Mut des reinen Lebens!
Dann verstehst du die Belehrung
Kommst mit ängstlicher Beschwörung
Nicht zurück an diesen Ort.
Grabe hier nicht mehr vergebens!
Tages Arbeit, abends Gäste!
Saure Wochen, frohe Feste!
Sei dein künftig Zauberwort."[37]

물욕과 탐심은 마음을 병들게 하는데 또 돈이나 재산이 없으면 무척이나 생활이 어려우니 사람들은 돈에 집착할 수밖에 없는 현실인데 삶의 균형추는 어디서, 어떻게 찾을까?

나그네의 밤 노래

하늘에서 내려온 그대
모든 고통을 달래 준다.
너무나 비참한 마음을
넘치는 활력으로 가득 채워 준다.
아, 나는 몰아대는 삶에 지쳤다.
모든 고통과 쾌락이 무엇이란 말인가?
달콤한 편안함이여,
어서 오라, 내 마음에!

산봉우리마다
정적이 감돌고
나뭇잎들도
흔들락 말락
숲속엔 새들도 울지 않는다.
기다리다 보면 너도
곧 편히 쉬게 되리라.

37) HA. Bd.1, 265쪽.

Wandrers Nachtlied

Der du von dem Himmel bist,
Alles Leid und Schmerzen stillest,
Den, der doppelt elend ist,
Doppelt mit Erquickung füllest,
— Ach, ich bin des Treibens müde,
Was soll all der Schmerz und Lust? —
Süßer Friede,
Komm, ach komm in meine Brust!

Über allen Gipfeln
Ist Ruh,
In allen Wipfeln
Spürest du
Kaum einen Hauch;
Die Vögelein schweigen im Walde.
Warte nur, balde
Ruhest du auch.[38)]

첫 번째 '나그네의 밤노래'는 괴테가 바이마르에 체류했던 시기(1775-1786)인 1776년에 쓴 시로서 슈타인 부인에게 보낸 시이다.

두 번째 '나그네의 밤노래'는 31세 때(1780년) Ilmenau의 Kickelhahn산의 오두막 판자에 써 놓았다가 66세 때(1815)에야

38) HA. Bd.1, 142쪽.

발표했다. 1780년 1월 스위스 여행에서 돌아와서 9월 6일 밤에 이 시를 썼다.

괴테는 인생길을 나그네 길로 보고 끊임없이 노력하지만 목표에 이르는 과정이 순탄하지 않다고 생각한다. 바위 덩어리를 산 밑에서 산위로 굴려 올리는 것과 같이 버겁다. 그래서 그도 몰아대는 삶에 지쳤다고 하소연하며 마음 편할 날을 학수고대한다.

인간은 나그네이자 동시에 그네와 같은 존재인가? 기쁨과 슬픔, 행복과 불행, 열정과 냉정, 희망과 절망, 기고만장과 의기소침, 절제와 탐욕, 명예와 부 사이를 오르락내리락하는 그네 말이다. 양극성 사이에서 우물쭈물하면 불안하여 숨이 고르지 못하게 된다. 힐링은 숨을 잘 쉬어야 얻어진다.

삶이란 압박하는 들숨과 상쾌하게 하는 날숨의 기묘한 혼합이다. 무엇이 우리를 짓누르고 있는가를 살펴보고 그로부터 자유로워야 인생이 술술 풀린다. 한 잔의 술을 마시고 예술의 정취에 젖어 보는 것은 어떨까?

포도주와 물

물만 마시면 벙어리가 돼
연못의 물고기들이 그렇지
포도주만 마시면 멍청이가 돼
술상 앞 너희들이 그렇지
난 벙어리도 멍청이도 안 되고 싶어
포도주에 물을 섞어 마시고 싶어.

Wasser allein macht stumm,

Das beweisen im Teiche die Fische.
Wein allein macht dumm,
Das beweisen die Herren am Tische.
Und da ich keines von beiden will sein,
Giess ich das Wasser in den Wein hinein.

이 시는 괴테가 어느 날 술 생각이 간절해 주막에 들렀는데 터프한 젊은이들이 옆 테이블에서 술에 취해 버릇없이 굴어 그들을 제압할 의도로 쓴 즉흥시이다. 그는 주인에게 가장 비싼 고급 와인과 물을 가져오라고 주문한 다음 술잔에 그 비싼 와인과 물을 섞어 마시자 젊은이들이 괴테를 놀렸다. 술에다 물을 탔으니 괴테의 술수가 아니겠는가. 그때 괴테가 이 시를 낭송하자 그들은 기가 꺾여 코가 납작하게 되었다는 에피소드가 전해진다. 시적 재치로 술상을 평정한 괴테처럼 우리는 고요한 평정심의 비법을 터득해야 한다.

어부

바닷물이 속삭이며 솟아올랐다.
물가에 앉아 있는 어부
낚싯대를 물끄러미 바라보고 있었다.
가슴 속까지 싸늘해 졌다.
앉아 엿듣고 있는데 강물이 갈라진다.
파문치는 물속에서 흠뻑 젖은
요정이 출현한다.
요정이 어부에게 노래하듯 말했다

왜 인간의 잔꾀로 물고기들을
죽음의 열기 속으로 낚아채는 가요?
물고기들에겐 물속이 얼마나 좋은지
안다면 그대도 물속으로 들어와
잘 지낼 수 있을 텐데.

해와 달도 바다 속에서
파도를 들이마셔 더욱 밝게 빛나고
저 깊고 푸른 하늘이 그대를 유혹해요.
영원한 이슬 속으로 그대를 유혹해요.

바닷물이 속삭이며 솟아올랐다.
그의 맨발은 젖었고 연인의 인사를 받을 때처럼
그리움으로 그의 마음 들떴다.
그녀가 노래하듯 말했을 때 그는 끌리는 듯
물속으로 침몰했다.

DER FISCHER

Das Wasser rauscht', das Wasser schwoll,
Ein Fischer saß daran,
Sah nach dem Angel ruhevoll,
Kühl bis ans Herz hinan.
Und wie er sitzt, und wie er lauscht,
Teilt sich die Flut empor;
Aus dem bewegten Wasser rauscht
Ein feuchtes Weib hervor.

Sie sang zu ihm, sie sprach zu ihm:
„Was lockst du meine Brut
Mit Menschenwitz und Menschenlist
Hinauf in Todesglut?
Ach wüßtest du, wie's Fischlein ist
So wohlig auf dem Grund,
Du stiegst herunter, wie du bist,
Und würdest erst gesund.

Labt sich die liebe Sonne nicht,
Der Mond sich nicht im Meer?
Kehrt wellenatmend ihr Gesicht
Nicht doppelt schöner her?
Lockt dich der tiefe Himmel nicht,
Das feuchtverklärte Blau?
Lockt dich dein eigen Angesicht
Nicht her in ew'gen Tau?"

Das Wasser rauscht', das Wasser schwoll,
Netzt' ihm den nackten Fuß;
Sein Herz wuchs ihm so sehnsuchtsvoll,
Wie bei der Liebsten Gruß.

Sie sprach zu ihm, sie sang zu ihm;
Da war's um ihn geschehn:
Halb zog sie ihn, halb sank er hin,
Und ward nicht mehr gesehn.[39)]

괴테의 이야기 시 "어부"는 인간과 자연의 신비적인 합일(unio mystica)이라는 주제 면에서 낭만주의 시인 아이헨도르프의 시 "유혹"과 관련성이 있다.

아이헨도르프: 유혹

바깥 적막한 사방을 헤치고
나무들이 속삭이는 소리 그대에게 들리지 않는가?
해맑은 시냇물 달빛에
꿈처럼 흘러가고
고요한 성들이 높은 바위에서
강물 속 들여다보는

저 바닥으로 발코니에서
귀 기울이도록 그대 유혹받지 않는가?

아름다웠던 옛날의
유혹적인 노래들을 그댄 아직도 기억하는가?
노래들은 모두 깨어난다, 또다시
숲속 고독에 밤이 내리면,
나무들 꿈꾸며 엿듣고
라일락 향기 코를 찌르면
강물의 요정들 속삭이는 소리-
어서 내려오라, 여긴 정말 시원하니까.

39) HA. Bd.1, 153-154쪽.

베네치아 경구 43

모든 친구들과 헤어지고 난 이처럼 잘 놀고 있다.
해신의 도시에서 즐거운 나날을 보내고 있다.
나의 모든 경험에다 달콤한 기억과 희망으로
양념을 치리라, 기억과 희망은 이 세상에서
가장 맛있는 양념이니까.

Und so tändelt' ich mir, von allen Freunden geschieden,
In der neptunischen Stadt Tage wie Stunden hinweg.
Alles, was ich erfuhr, ich würzt' es mit süßer Erinnrung,
Würzt' es mit Hoffnung; sie sind lieblichste Würzen der
Welt.[40)]

인생의 다양한 경험에 아름다운 기억을 오래 간직하라.

스위스 알프스

어제까지도 너의 머리는 연인의 곱슬머리처럼
갈색이었는데, 멀리서 말없이 몸짓하는 예쁜 모습이었는데,
산 정상엔 때 이른 은회색 눈이 쌓여 있다.
폭풍의 밤에 너의 정수리에 쏟아진 눈발.
아! 인생을 살아보니 청춘은 어느새 노년이 되는구나.
요동치는 꿈이 어제와 오늘을 묶어 주듯이.

40) HA. Bd.1, 184쪽.

SCHWEIZERALPE

War doch gestern dein Haupt noch so braun wie die Locke der Lieben,
Deren holdes Gebild still aus der Ferne mir winkt;
Silbergrau bezeichnet dir früh der Schnee nun die Gipfel,
Der sich in stürmender Nacht dir um den Scheitel ergoß.
Jugend, ach! ist dem Alter so nah, durchs Leben verbunden,
Wie ein beweglicher Traum Gestern und Heute verband.[41)]

젊음과 늙음이 순식간이다.

내 것

내 마음에서 자연스럽게 흘러나오는 생각,
행운이 가져다주는 유리한 순간들이
정말로 내 소유이다.
스스로를 다 아는 사람은 아무도 없고
자아와 분리될 수 없지만 매일 시험해 보라.
무엇이 외적으로 확실하며 자신이 어떤 사람인가,
할 수 있는 것이 무엇이며, 하고 싶은 것이 무엇인가를.

Eigentum

Ich weiß, daß mir nichts angehört

41) HA. Bd.1, 207쪽.

Als der Gedanke, der ungestört
Aus meiner Seele will fließen,
Und jeder günstige Augenblick,
Den mich ein liebendes Geschick
Von Grund aus läßt genießen.
Niemand wird sich selber kennen,
Sich von seinem Selbst-Ich trennen;
Doch probier' er jeden Tag,
Was nach außen endlich klar,
Was er ist und was er war,
Was er kann und was er mag.[42)]

나의 꿈을 실현해가는 과정이 곧 인생이다.

나이 들어감

나이 들어감은 공손한 것이다.
타인의 집 문을 노크해 봐도
들어오라고 아무도 응답하지 않아
문 앞에 서 있고 싶지 않다.

Das Alter

Das Alter ist ein höflich Mann:
Einmal übers andre klopft er an,

42) HA. Bd.1, 307쪽.

Aber nun sagt niemand: Herein!
Und vor der Türe will er nicht sein.[43)]

늙어갈수록 예의가 있어야 한다.

유념하라

운명에 반항해서는 안 되고
운명으로부터 달아나서도 안 된다!
그대가 운명을 달가워한다면
운명도 그대를 정답게 맞이할 것이다.

Memento

Mußt nicht widerstehn dem Schicksal,
Aber mußt es auch nicht fliehen!
Wirst du ihm entgegengehen,
Wird's dich freundlich nach sich ziehen.[44)]

운명을 감내하라.

머나먼 곳으로 방랑하려고
그대 급히 서두르고 있구나.
그대와 남들에게 성실하면
좁은 곳도 넉넉히 넓다.

---

43) HA. Bd.1, 309쪽.
44) HA. Bd.1, 313쪽.

Du sehnst dich, weit hinaus zu wandern,
Bereitest dich zu raschem Flug;
Dir selbst sei treu und treu den andern,
Dann ist die Enge weit genug.[45)]

인생을 놀면서 지내면
아무 것도 성취할 수 없고
스스로를 절제하지 않으면
항상 하인으로 머문다.

절제는 자유를 가져다준다.

Wer mit dem Leben spielt,
Kommt nie zurecht;
Wer sich nicht selbst befiehlt,
Bleibt immer ein Knecht.[46)]

머물지 말고 그대에게 꿈이 있어야 한다.
여행하면서 어디를 가든 감사해라
뜨거움과 차가움에도 잘 적응하라
세계와 그대는 서로에게 신선할 것이다.

Verweile nicht und sei dir selbst ein Traum,
Und wie du reisest, danke jedem Raum,

45) HA. Bd.1, 313쪽.
46) HA. Bd.1, 313쪽.

Bequeme dich dem Heißen wie dem Kalten;
Dir wird die Welt, du wirst ihr nie veralten.[47)]

새로운 환경에 잘 적응하는 비법을 터득하라.

즐겁게 오래 사는 비결은 무엇인가?
항상 탁월한 것을 향해 노력하다 보면
시간에 얽매이지 않는
많은 성과가 나타난다.

„Wie mag ich gern und lange leben?"
Mußt immer nach dem Trefflichsten streben:
Des unerkannt Trefflichen wirket so viel,
Und Zeit und Ewigkeit legt ihm kein Ziel.[48)]

수준 높은 삶을 영위하라.

강렬한 그리움과
가득 찬 눈물로부터
대단한 의욕을 희망해 볼 수 있다는 것이
그대 마음을 자유롭게 하리라.

Daß von diesem wilden Sehnen,
Dieser reichen Saat von Tränen

---

47) HA. Bd.1, 314쪽.
48) HA. Bd.1, 315쪽.

Götterlust zu hoffen sei,
Mache deine Seele frei![49]

마음이 열려 있을 때만이
세상은 아름답다.
그대 그토록 짜증난 모습이니까
응시할 줄 모른다.

Nur wenn das Herz erschlossen,
Dann ist die Erde schön.
Du standest so verdrossen
Und wußtest nicht zu sehn.[50]

오픈 마인드와 사고의 유연성이 필요한 시대이다.

곱게 늙어 가려면
타인을 좋게 생각해야 하고
많은 사람들을 격려하고 도움을 주어라
그러면 그대는 허무감을 느끼지 않을 것이다.

Soll dich das Alter nicht verneinen,
So mußt du es gut mit andern meinen;
Mußt viele fördern, manchem nützen,
Das wird dich vor Vernichtung beschützen.[51]

---

49) HA. Bd.1, 315쪽.
50) HA. Bd.1, 315쪽.

Well-being이란 곱게 늙어 가는 것이다.

넓은 세상과 폭넓은 삶, 지속적인 노력,
항상 탐구하고, 열려있고, 옛 것을 잘 간직하고,
새로운 것을 이해하고, 유쾌한 의미와 순수한 목표가
있다면 인생을 잘 살아 가고 있는 셈이다.

Weite Welt und breites Leben,
Langer Jahre redlich Streben,
Stets geforscht und stets gegründet,
Nie geschlossen, oft geründet,
Ältestes bewahrt mit Treue,
Freundlich aufgefaßtes Neue,
Heitern Sinn und reine Zwecke:
Nun! man kommt wohl eine Strecke.[52]

폭넓게 생활하라.

반짝인다고 모두 다 금은 아니고
행복이라고 말하는 것이 모두 다 행복은 아니고
기쁨같이 보인다고 모두 다 기쁨은 아니다.
이런 말에는 많은 의미가 깃들어 있다.

Nicht ist alles Gold, was gleißt,
Glück nicht alles, was so heißt,

51) HA. Bd.1, 317쪽.
52) HA. Bd.1, 327쪽.

Nicht alles Freude, was so scheint.
Damit hab' ich gar manches gemeint.[53)]

현상이 아닌 본질에 중심을 두어라.

하나와 모두

이미 만들어진 것을 바꿔 새롭게 만들기 위해,
굳어지지 않도록 철저한 자기관리를 위해,
살아 있는 영원한 실행이 작용하고 있다.
예전에 없었던 것이 이제 생겨나려한다.
맑은 해, 영롱한 별이 되려한다.
어떤 경우에도 정체되어서는 안 된다.[54)]

EINS UND ALLES

Und umzuschaffen das Geschaffne,
Damit sich's nicht zum Starren waffne,
Wirkt ewiges lebendiges Tun.
Und was nicht war, nun will es werden,
Zu reinen Sonnen, farbigen Erden,
In keinem Falle darf es ruhn.

흐르는 물처럼 살아가라.

---

53) HA. Bd.1, 338쪽.
54) 제3연만을 해설한다. HA. Bd.1, 369쪽.

유언

진실한 것은 이미 오래전부터 있어왔는데,
고상한 영혼들이 그것을 결합시켜 주었으니까,
그 오래된 진실을 꼭 붙들어라!

이제 곧바로 내면을 향하라,
중심은 내면에서 그대가 찾아내는 것이다.
이것을 어떤 고상한 사람도 의심하지 않는다.
거기엔 미비한 어떤 규칙도 없으며,
올곧은 양심이야말로
그대의 도덕적인 나날에 햇빛이니까.

절제하면서 즐기고, 즐거운 일상에
충만과 축복 그리고 이성을 부여하라.
그러면 과거는 이어지고,
미래의 것도 오늘 미리 느낄 수 있어서
순간은 영원과 통한다

그대는 열매를 맺는 것만이
진실하다는 것을 절감할 것이다.
그대는 일반적인 이치를 확인해 보고
그것에 따라 인생의 방향을 잡아라.
가장 낮은 사람들과도 어울려라.[55)]

내면세계를 풍요롭게 가꾸어라.

55) 시의 핵심 부분을 중심으로 해설한다. HA. Bd.1, 369-370쪽.

VERMÄCHTNIS

Das Wahre war schon längst gefunden,
Hat edle Geisterschaft verbunden,
Das alte Wahre, faß es an!

Sofort nun wende dich nach innen,
Das Zentrum findest du da drinnen,
Woran kein Edler zweifeln mag.
Wirst keine Regel da vermissen:
Denn das selbständige Gewissen
Ist Sonne deinem Sittentag.

Genieße mäßig Füll' und Segen,
Vernunft sei überall zugegen,
Wo Leben sich des Lebens freut.
Dann ist Vergangenheit beständig,
Das Künftige voraus lebendig,
Der Augenblick ist Ewigkeit.

Und war es endlich dir gelungen,
Und bist du vom Gefühl durchdrungen:
Was fruchtbar ist, allein ist wahr,
Du prüfst das allgemeine Walten,
Es wird nach seiner Weise schalten,
Geselle dich zur kleinsten Schar.

괴테의 시 “유언”에서는 오래 전부터 발견된 ‘참된 것’을 붙잡고, 내면에 있는 중심을 찾아내라고 주문한다.

현실에 안주하지 않고 자신의 삶을 끌어 올리는 과정과 마침내 자신의 꿈을 이루는 것이 모두 가치 있는 일인데, 인간이라면 고상하고, 남을 돕기 좋아하고, 착해야 한다고 괴테는 설파하면서 유용하면서도 정당한 것을 한없이 창조해 나갈 것을 우리들에게 주문한다.

신성

인간이라면 고상하고
자비롭고 선량해야지!
그것만이 인간을
우리가 알고 있는
다른 모든 존재와
구별해 주기 때문이지.

우리가 알지 못하고
예감할 뿐인
고귀한 존재들에 영광 있으라!
인간이라면 그들을 본받아야지!
그들과 같은 롤 모델을 보고
우리는 그들을 믿게 된다.

자연은 무엇에도 치우친 감정이 없기에,
햇볕은 선악에 똑같이 들고,
달과 별도 죄인이나 의인에게

차별 없이 빛난다.
영원하고 위대한
철칙에 따라서
우리 모두 현재의 삶을 둥글게
완성시켜야 한다.

오직 인간만이
불가능한 것을 해낼 수 있으니,
식별하고 선택하고
바르게 조정하며
순간을 영원으로
이끌 수 있다.

고상한 인간은
자비롭고 선량해야지!
유용하고 정당한 것을
한없이 창조해야지.
우리들에게 저 예감된 존재들처럼
롤 모델이 되어야지!

Das Göttliche

Edel sei der Mensch,
Hilfreich und gut!
Denn das allein
Unterscheidet ihn
Von allen Wesen,

Die wir kennen.

Heil den unbekannten
Höhern Wesen,
Die wir ahnen!
Ihnen gleiche der Mensch!
Sein Beispiel lehr uns
Jene glauben.

Denn unfühlend
Ist die Natur:
Es leuchtet die Sonne
Über Bös und Gute,
Und dem Verbrecher
Glänzen wie dem Besten
Der Mond und die Sterne.

Wind und Ströme,
Donner und Hagel
Rauschen ihren Weg
Und ergreifen
Vorüber eilend
Einen um den andern.

Auch so das Glück
Tappt unter die Menge,
Faßt bald des Knaben

Lockige Unschuld,
Bald auch den kahlen
Schuligen Scheitel.

Nach ewigen, ehrnen,
Großen Gesetzen
Müssen wir alle
Unseres Daseins
Kreise vollenden.

Nur allein der Mensch
Vermag das Unmögliche:
Er unterscheidet,
Wählet und richtet;
Er kann dem Augenblick
Dauer verleihen.

Er allein darf
Den Guten lohnen,
Den Bösen strafen,
Heilen und retten,
Alles Irrende, Schweifende
Nützlich verbinden.

Und wir verehren
Die Unsterblichen,
Als wären sie Menschen,
Täten im großen,

Was der Beste im kleinen
Tut oder möchte.

Der edle Mensch
Sei hilfreich und gut!
Unermüdet schaff er
Das Nützliche, Rechte,
Sei uns ein Vorbild
Jener geahneten Wesen![56]

천재들도 불멸의 존재가 아닌 점은 보통 사람들이 위안을 삼는 것이지만, 모든 사람들은 시한부 삶을 살아가는데, 순간을 영원으로 잇는 비결은 무엇일까?

인생여정에서 우리는 수많은 선택의 기로에서 알곡과 쭉정이를 식별하여 올바르게 걸러내는 지혜가 필요하다. 과거는 이미 있었던 순간들이고, 미래는 앞으로 있을 순간들이기에 현재의 순간이 부르는 영원한 노래로 인생을 가득 채우는 것이 바람직하다.

꿈을 이루어가는 과정으로서 순간들이 있고, 마침내 꿈을 실현하는 순간이 있는데, 어디에 더 무게를 둘 것인지는 각자 생각에 따라 다르겠지만 삶이라는 등반에서 정상에 빨리 도착하려고 조급해질 수도 있지만, 한 걸음 한 걸음 내 딛는 등반과정도 무척 신나고 의미 있는 것이다. 키네시스적 인생이냐 에네르게이아적 인생이냐, 아니면 둘 다 두루 갖춘 인생이냐, 그것이 문제다.[57]

---

56) HA. Bd.1, 147-149쪽.

57) 키네시스(kinesis)는 아리스토텔레스의 목적론적 운동을 말한다. 효율성과 신속성이 요구된다. 에네르게이아(energeia)는 목적의 완성보다는 실현해가는 활

괴테는 그의 성실한 비서였던 에커만에게 이렇게 말한다. "매너리즘에 빠진 사람은 작업을 빨리 끝내기만 바라며 작업 자체에는 기쁨을 느끼지 못한다. 위대한 작가는 창작 과정에서 말할 수 없는 희열을 발견하고, 순수한 행복을 누린다. 재능이 부족한 사람일수록 예술 그 자체에 만족하지 않고 작업 후의 이익만을 생각한다. 세속적인 목적과 성향으론 위대한 것을 결코 이룰 수 없다."[58)]

인생에 대한 내공과 혜안을 갖춰 커다란 성취를 해내려면 마음의 밭을 갈고 닦는 일이 무엇보다도 긴요하다. 눈물로 씨를 뿌리고 밭이랑에 물을 줌으로써 풍성한 알곡들을 수확할 수 있다. 인생길이 가시길이든 꽃길이든 심은 대로 거두게 되어있다.

자연과 예술

자연과 예술은 서로 등을 돌리려다가
어느새 서로를 찾아낸다.
내 마음에도 반감은 사라지고,
둘 다 똑같이 내 마음을 사로잡는다.

중요한 것은 정직한 노력이다.
우리가 한결같이 정신과 근면으로
예술에 몰입했을 때 비로소
자연은 가슴속에서
다시 자유롭게 달아오르리.

동에 주목한다. 과정자체를 결과로 보는 운동이다.

58) 요한 페터 에커만 지음, 박영구 옮김: 괴테와의 대화. 푸른 숲 2000, 126, 128쪽 참조.

인간형성 또한 이와 같으니,
방종한 정신으론 순수하고 높은
완성에 이를 수 없다.

위대한 일에는 온 힘을 다해야 한다.
대가는 제한 속에서 비로소 진가를 드러내고,
자유를 주는 것은 오직 법칙뿐이다.

Natur und Kunst

Natur und Kunst, sie scheinen sich zu fliehen
Und haben sich, eh man es denkt, gefunden;
Der Widerwille ist auch mir verschwunden,
Und beide scheinen gleich mich anzuziehen.

Es gibt wohl nur ein redliches Bemühen!
Und wenn wir erst in abgemeßnen Stunden
Mit Geist und Fleiß uns an die Kunst gebunden,
Mag frei Natur im Herzen wieder glühen.

So ist's mit aller Bildung auch beschaffen:
Vergebens werden ungebundne Geister
Nach der Vollendung reiner Höhe streben.

Wer Großes will, muß sich zusammenraffen;
In der Beschränkung zeigt sich erst der Meister,
Und das Gesetz nur kann uns Freiheit geben.[59)]

현명한 사람은 정신의 분산요구를 거절한다. 인생을 진지하게 생각하지 않으면 결코 성취하지 못하고 자기 자신에게 명령하지 않으면 언제까지나 종이다. 자신을 절제하고 고립시키는 일이 궁극적으로 가장 큰 예술이다. 격한 고독 속에서 자유를 느낄 수 있을 때 인생과 행복을 제대로 볼 수 있다.

인생의 법칙

아름다운 인생을 짜 맞추려거든
지나간 일을 두고 걱정해서는 안 된다.
사소한 일로 네 마음이 불쾌 할 때도 있겠지만
항상 현재를 즐겨라.
사람을 미워해서는 안 되며
미래는 신에게 맡겨라.

Lebensregel

Willst du dir ein hübsch Leben zimmern,
Mußt dich ums Vergangne nicht bekümmern;
Das wenigste muß dich verdrießen;
Mußt stets die Gegenwart genießen,
Besonders keinen Menschen hassen
Und die Zukunft Gott überlassen.[60)]

---

59) HA. Bd.1, 245쪽.
60) HA. Bd.1, 319쪽.

행복이라는 푸른 꽃은 지금 여기 가까운 곳에 피어 있다. 우리들의 두 눈으로 사물들과 현상들을 살피고, 본질을 파악할 수 있다면 폭풍의 하늘에 걸려 있는 무지개를 볼 수 있다. 지난 일들을 두고 후회에 젖어 산다면 마음의 혼란과 불균형만 넘쳐 날 것이다. 행복은 많은 것을 이룬 노년에 찾아오는 것이 아니라, 이리저리 헤매면서 성취해 나가는 청춘시절부터 마주칠 수 있다. 인생의 어느 시기이든 간에 우리들의 영혼을 가치 있는 창조력으로 가득 채운다면 짧은 인생도 영원으로 이어질 수 있다. 매 순간마다 영원한 것이 우리에게 현존한다면 우리는 허무한 세월 앞에서도 슬퍼하지 않고, 과거는 계속 이어지고, 미래는 앞당겨 생생히 살아 있게 되며, 순간은 영원하다.

달에게

그댄 숲과 계곡을
살포시 은빛 안개로 채운다.
마침내 온통
내 영혼도 녹여 준다.

그댄 나의 들판에
위안의 시선을 던져 준다.
친구의 다정한 눈길이
내 운명에 펼쳐지듯이.

좋을 때나 궂을 때나
모든 여운 가슴속에 울려,

나는 홀로
기쁨과 고통 사이를 거닌다.

나도 예전엔 소중한 걸
갖고 있었지.
끝내 그걸 잊지 못하여
고통만 남는 것을!

흘러가는 강물이여,
계곡 따라 한없이
흘러 내 노래에
선율을 속삭여 다오.

겨울밤에 화난 듯
철철 넘쳐흐를 때,
꽃들이 만발한 봄날에
돋아난 꽃봉오리 감돌아 흐른다.

미움 없이
세상과 등을 지고
어떤 한 친구와
함께 예감을 즐기는 사람,

사람들이 모르는
기대도 않았던 것을,
가슴속 미궁을 지나
어둠 속 거니는 것을.

An den Mond

Füllest wieder Busch und Tal
Still mit Nebelglanz,
Lösest endlich auch einmal
Meine Seele ganz ;

Breitest über mich Gefild
Lindernd deinen Blick,
Wie des Freundes Auge mild
Über mein Geschick.

Jeden Nachklang fühlt mein Herz
Froh- und trüber Zeit,
Wandle zwischen Freud und Schmerz
In der Einsamkeit.

Ich besaß es doch einmal,
Was so köstlich ist!
Daß man doch zu einer Qual
Nimmer es vergißt!

Rauschte, Fluß, das Tal entlang,
Ohne Rast und Ruh,
Rausche, flüstre meinem Sang
Melodien zu,

Wenn du in der Winternacht
Wütend überschwillst,
Oder um die Frühlingspracht
Junger Knospen quillst.

Selig, wer sich vor der Welt
Ohne Haß verschließt,
Einen Freund am Busen hält
und mit dem genießt,

Was, von Menschen nicht gewußt
Oder nicht bedacht,
Durch das Labyrinth der Brust
Wandelt in der Nacht.[61)]

괴테의 작품들에서 자연은 심신이 지쳐 탈진상태에 있는 주인공들과 등장인물들을 치유해 준다. 이것은 물질문명과 과학기술이 발전해 나감에 따라 상대적으로 인간의 정신과 영혼의 세계가 피폐해지고 삭막해지고 있음을 반증한다. 인간에게 잃어버린 그의 총체성을 다시 되돌려주는 것은 자연이다. 인간은 자연과 융합됨으로써 행복한 삶을 살아갈 수 있고, 자연은 세상살이에 병든 인간을 치유해주는 명의 중의 명의인 것이다.

괴테의 자연시들을 인간과 자연의 상호관계 속에서 감상해 보는 것은 숨 가쁘게 살아가는 현대인들에게 커다란 위안과 힐링이 될 것이다.

---

61) HA. Bd.1, 129-130쪽.

괴테의 시들에서 달빛과 별들처럼 밤을 예찬하는 내용이 많은데, 이것은 노발리스, 아이헨도르프, 브렌타노와 같은 낭만주의 시인들에게도 영향을 끼쳐 밤을 예찬한다.

독일 낭만주의 시인들은 계몽주의의 합리적인 이성에 반감을 갖고 있었는데, 이성을 '빛, 밝음, 낮'으로 표현했고, 낭만주의 시인들이 중시한 상상력, 환상, 꿈, 감성 등을 '밤, 어둠, 신비'로 서술했다.

밤은 예술적인 직관이 활성화되는, 상상과 꿈의 시간이다.

노발리스에게 밤은 신성하고, 시간과 공간의 구분이 없는, 먼 옛날로 다시 돌아가는 순간이다.

신비스런 시간인 밤, 디오니소스적 시간인 밤은 어둡지만, 인간의 상상력을 최고로 끌어 올리는 창의적인 시간이다. 디오니소스는 그리스 신화에 등장하는 포도나무와 포도주의 신, 풍요의 신, 황홀경의 신이다.

디오니소스 축제는 밝은 대낮이 아닌 추운 한 겨울밤에 열렸다. 절제의 고리를 끊고, 세상 법칙을 해체하고, 세상에 갇히기를 거부하면서 뛰쳐나가려는 무한한 자유와 해방감을 갈망한다. 디오니소스는 냉정한 이성과 질서, 절제, 형식, 법칙 등을 중시하는 아폴론 신과 대비되는데, 독일 질풍노도와 낭만주의 시인들은 디오니소스적인 세계에 비중을 두었다.

독일 낭만주의 시인들은 현실과 이상, 현실과 꿈 또는 환상, 현재와 과거, 유한과 무한, 인간과 자연, 삶과 죽음 등 대립되고 모순된 것들 사이에서 깊은 사유(사색)와 성찰(명상)을 끊임없이 해 왔는데, 고독의 시간, 밤이야말로 그들의 정신적 세계와 창의적인 원동력을 드높여 줄 수 있었다.

물 위의 정령들의 노래

인간의 영혼은
물과 같다.
하늘에서 내려와
하늘로 올라가고
또다시 내려온다.
땅으로, 그렇게
끝없이 반복한다.

높고 가파른
암벽에서
맑은 물줄기 쏟아져
반질반질한 바위 위로
구름 같은 물결 이루며
사랑스럽게 흩날리곤,
즐겁게 안겨
안개를 이루듯
조용히 속삭이며
깊은 골짜기로 굽이쳐 흘러간다.

암벽이 솟아
물 흐름이 막히면
격분한 듯 거품 뿜으며
층층이
나락으로 떨어진다.
평평한 골짜기 풀밭에선

살며시 흘러가고,
잔잔한 호수에선
숱한 별들이
나르시즘에 빠진다.

바람은 물결의
아리따운 연인,
거품일고 울렁이도록
밑바닥까지 뒤흔든다.

인간의 영혼은
물과 같다!
인간의 운명은
바람과 같다!

Gesang der Geister über den Wassern

Des Menschen Seele
Gleicht dem Wasser :
Vom Himmel kommt es,
Zum Himmel steigt es,
Und wieder nieder
Zur Erde muß es,
Ewig wechselnd.

Strömt von der hohen,
Steilen Felswand

Der reine Strahl,
Dann stäubt er lieblich
In Wolkenwellen
Zum glatten Fels,
Und leicht empfangen
Wallt er verschleiernd,
Leisrauschend
Zur Tiefe nieder.

Ragen Klippen
Dem Sturz entgegen,
Schäumt er ummutig
Stufenweise
Zum Abgrund.

Im flachen Bette
Schleicht er das Wiesental hin,
Und in dem glatten See
Weiden ihr Antlitz
Alle Gestirne.

Wind ist der Welle
Lieblicher Buhler ;
Wind mischt vom Grund aus
Schäumende Wogen.

Seele des Menschen,
Wie gleichst du dem Wasser!

Schicksal der Menschen,
Wie gleichst du dem Wind.[62]

바다의 고요

깊은 고요가 흐르는 바다,
미동도 없는 잔잔한 바다,
사공이 둘러보니
매끈한 수면뿐이다.
바람 한 점 불지 않는다,
죽음 같은 정적이 오싹 스민다.
끝없이 넓은 바다에
물결 한 점도 일지 않는다.

Meeresstille

Tiefe Stille herrscht im Wasser,
Ohne Regung ruht das Meer,
Und bekümmert sieht der Schiffer
Glatte Fläche rings umher.
Keine Luft von keiner Seitel
Todesstille fürchterlich!
In der ungeheuern Weite
Reget keine Welle sich.[63]

62) HA. Bd.1, 143쪽.
63) HA. Bd.1, 242쪽.

고요한 바다를 응시하면 마음이 편안해진다. 바닷가의 방랑자가 되어 보면 어떨까?

신나는 항해

안개가 사라지니
하늘이 맑다.
바람의 신,
불안스런 끈을 풀어 놓는다.
바람은 윙윙
사공의 손 급하다.
어서 빨리! 어서 빨리!
물결이 갈라지니
먼 곳이 보인다.
벌써 육지가 보인다!

Glückliche Fahrt

Die Nebel zerreißen,
Der Himmel ist helle,
Und Äolus löset
Das ängstliche Band.
Es säuseln die Winde,
Es rührt sich der Schiffer.
Geschwinde! Geschwinde!
Es teilt sich die Welle,

Es naht sich die Ferne ;
Schon sehe ich das Land![64]

인생을 신나는 항해처럼 살아라.

때 이른 봄

기쁨의 나날들이
머지않아 돌아오겠는가?
햇빛이 나에게
언덕과 숲을 선물해 줄까?

개울물은
넘쳐 흘러간다.
이것이 풀밭인가
이것은 골짜기인가?

파르른 싱싱함!
하늘과 산꼭대기!
호수엔 금빛 물고기들이
북적거린다.

숲속엔 여러 색상의 날개들이
퍼드덕거리며 소리 낸다.
숲속엔 천상의 노래들이

64) HA. Bd.1, 242쪽.

울려 퍼진다.

힘차게 피어나는
들판에선
꿀벌들이 윙윙거리며
즙을 맛본다.

대기 속엔 고요한 움직임이
섬세하게 떨려오고
향기는 나른하게
자극한다.

힘차게 흔들리던
한 가닥 숨결도
꽃다발 속에서
사라진다.

그러나 마음으로
그것은 되돌아온다.
도와다오, 뮤즈여,
이 행복을 감당할 수 있도록!

말하라, 어제부터
어떤 일이 내게 일어났는지?
사랑스런 자매들이여,
사랑이 여기 내 곁에 있구나!

FRÜHZELTIGER FRÜHLING

Tage der Wonne,
Kommt ihr so bald?
Schenkt mir die Sonne,
Hügel und Wald?

Reichlicher fließen
Bächlein zumal.
Sind es die Wiesen,
Ist es das Tal?

Blauliche Frische!
Himmel unnd Höh'!
Goldene Fische
Wimmeln im See.

Buntes Gefieder
Rauschet im Hain;
Himmlische Lieder
Schallen darein.

Unter der Grünen
Blühender Kraft
Naschen die Bienen
Summend am Saft.

Leise Bewegung
Bebt in der Luft,
Reizende Regung,
Schläfernder Duft.

Mächtiger rühret
Bald sich ein Hauch,
Doch er verlieret
Gleich sich im Strauch.

Aber zum Busen
Kehrt er zurück.
Helfet, ihr Musen,
Tragen das Glück!

Saget, seit gestern
Wie mir geschah?
Liebliche Schwestern,
Liebchen ist da![65]

일상을 봄날처럼 살아가면 행복이 넘친다.

3. 2행시

누가 가장 행복한 사람인가? 다른 사람들의 업적을 인정하고

65) HA. Bd.1, 246-247쪽.

그들의 기쁨을 내일처럼 기뻐하는 사람이다.

Wer ist der glücklichste Mensch? Der fremdes Verdienst zu empfinden weiß und am fremden Genuß sich wie am eignen zu freun.[66)]

타인의 업적과 성취를 기꺼이 인정하고 축하해 주는 태도는 겸손의 미덕이다.

자연은 어떻게 인간에 내재된 고상과 저속을 연결하는가?
자연은 허무를 그 둘 사이에 놓는다.

Wie verfährt die Natur, um Hohes und Niedres im Menschen zu verbinden? Sie stellt Eitelkeit zwischen hinein.

진리의 길은 가파르고 올라가기엔 미끄럽다.
그래도 우리는 당나귀를 타고 가고 싶진 않다.

Steil wohl ist er, der Weg zur Wahrheit, und schlüpfrig zu steigen,
Aber wir legen ihn doch nicht gern auf Eseln zurück.

진리는 벗겨도 껍질뿐인 양파인가?
그대들이 그 안에 넣어 둔 것이 없으면 꺼낼 것이 하나도 없다.

Ist denn die Wahrheit ein Zwiebel, von dem man die Häute nur abschält? Was ihr hinein nicht gelegt, ziehet ihr nimmer heraus.

66) 앞으로 2행시의 원문은 HA. Bd.1에서 인용하고 쪽수표시는 생략한다.

오류가 초석처럼 흙속에 묻혀 있게 되면
사람들이 그 위에다 집을 짓게 되어 결코 찾아내지 못한다.

Liegt der Irrtum nur erst, wie ein Grundstein, unten im Boden,
Immer baut man darauf, nimmermehr kommt er an Tag.

항상 한결같은 것이 정말로 사랑이다.
좋을 때나 궂을 때나.

Das ist die wahre Liebe, die immer und immer sich gleich bleibt, Wenn man ihr alles gewährt, wenn man ihr alles versagt.

아름다움이 왜 난 덧없냐고 제우스에게 물으니 덧없는 것만을 아름답게 만들어 놓았다고 답했다.

„Warum bin ich vergänglich, o Zeus?“ so fragte die Schönheit.
„Macht' ich doch“, sagte der Gott, „nur das Vergängliche schön.“

외적인 것도 중요하지만 내면적인 가치를 우위에 두어라.

우리에겐 오류가 떠나지 않지만
향상심의 욕구가 진리로 이끈다.

Irrtum verläßt uns nie; doch ziehet ein höher Bedürfnis
Immer den strebenden Geist leise zur Wahrheit hinan.

정신적인 사랑이 아름다움과 하나가 되면

축복받은 영혼의 결속이다.

Geistige Liebe, sie ist der Seelen seligste Kette,
Wenn sie, merket das wohl, Schönes mit Schönem vereint.

쓰러질 때마다 저 높은 곳을 향하라!
비상하긴 힘들지 몰라도 정진하는 것은 어렵지 않다.

Fallen verzeih' ich dir gern, nur strebe immer nach oben!
Bist du zum Fluge, du bist nimmer zum Streben zu schwer.

청춘들에게 고하는 괴테의 이 외침을 마슬로우 Maslow의 인간 욕구 5단계(의식주 기본욕구/ 안전욕구/ 사회적 욕구: 애정욕구, 집단 소속감/ 자존욕구: 존경욕구, 인정/ 자아실현 욕구: 성취감, 잠재능력 개발)와 연결하여 생각해 보면 어떨까?

빵을 얻기 위한 전쟁 같은 삶의 현장에서 밤하늘의 별들도 빵 하나 나 하나로 보일 뿐인데 높은 곳을 향해 나아가는 삶이 가능할 것인가. 하지만 모든 것을 젊을 때 구해야 한다. 젊음은 그 자체가 하나의 빛이다. 빛이 흐려지기 전에 열심히 구해야 한다. 젊은 시절에 열심히 찾고 구한 사람은 늙어서 풍성하다.

대부분의 사람들이 의식주 기본욕구를 충족시키기 위해 평생을 살아내는 현실이다. 자아실현의 꿈은 허상인가 아니면 실상인가?

자유는 매우 아름답고 눈부신 장식이지만
누구한테나 다 어울리진 않는다.

Freiheit ist ein herrlicher Schmuck, der schönste von allen,

Und doch steht er, wir sehn's, wahrlich nicht jeglichem an.

자유를 향유할 수 있는 자격을 먼저 갖춰라.

무엇이 가장 어려운 일이가? 제일 쉬운 것 같지만
두 눈으로 눈앞에 있는 것을 제대로 보는 일이다.

Was ist das Schwerste von allem? Was dir das Leichteste dünket:
Mit den Augen zu sehen, was vor den Augen dir liegt.

오감을 동원해서 만물을 관찰하라.

오 뮤즈여, 내 시가 언제 유용한가?
고상한 사람이 스스로를 잊은 그 순간에 그를 깨워 줄 때이다.

Saget, wann nützt mein Gedicht, o Musen? – Wenn es
den Edlen weckt in dem Augenblick, wenn er sich selber vergißt.

어떤 천재가 제일 위대할까? 예술에 흠뻑 취해 있으면서도
자연의 흔적 위에 머무는 사람이다.

Welches Genie das größte wohl sei? Das größte ist dieses,
Welches, umstrickt von der Kunst, bleibt auf der Spur der Natur.

사람들은 죽음과 삶을 화해시키려 별짓을 다해 본다.
하지만 이 둘은 충격적이게도 한없이 분리되어 있다.

Seht, was versucht nicht der Mensch, mit dem Tod zu versöhnen das Leben! Nimmer gelingt's – ach sie sind schrecklich und ewig getrennt.

삶과 죽음을 동일하게 느끼고 받아들일 수 있다면 행복하다.

끝없는 것 속으로 걸어 들어가고 싶다면
끝 있는 것 속에서 모든 방향으로 가거라.

Willst du ins Unendliche schreiten,
Geh nur im Endlichen nach allen Seiten.

그대가 전체에서 활력을 얻고자 한다면
매우 작은 것 속에서 전체를 통찰할 수 있어야 한다.

Willst du dich am Ganzen erquicken,
So mußt du das Ganze im Kleinsten erblicken.

섬세한 통찰력을 키워라.

자연의 핵심은
사람의 마음속이 아닌가?

Ist nicht der Kern der Natur
Menschen im Herzen?

먼 미래에 대한 동경을 달래기보다는
오늘 여기에서 의미 있는 일에 몰입하라.

Sehnsucht ins Ferne, Künftige zu beschwichtigen,
Beschäftige dich hier und heut im Tüchtigen.

현재에 충실해라.

가진 게 없으면 짐을 지기 아주 쉽다.
부는 이보다 더 가벼운 짐이다.

Du trägst sehr leicht, wenn du nichts hast;
Aber Reichtum ist eine leichtere Last.

탐욕을 줄여라.

낙원에 혼자 있는 것보다도
더 큰 고통은 내게 없다.

Mir gäb' es keine größre Pein,
Wär' ich im Paradies allein.

더불어 행복해라.

난 영롱한 햇살처럼 꿈꾸고 사랑하면서
내가 살아 있음을 실감한다.

Ich träumt' und liebte sonnenklar;
Daß ich lebte, ward ich gewahr.

올바르게 행동하려면 항상
몸과 마음에 정말로 사랑을 품어라.

Wer recht will tun, immer und mit Lust,
Der hege wahre Lieb' in Sinn und Brust.

노력할 때마다
끈기를 가져라!

Jedem redlichen Bemühn
Sei Beharrlichkeit verliehn!

올바른 목표를 향한 길은
그 과정도 올바르다.

Jeder Weg zum rechten Zwecke
Ist auch recht zu jeder Strecke.

아주 열악한 시절에 태어난 사람은
힘든 시기도 오히려 유쾌한 나날들로 여긴다.

Wer geboren in bös'sten Tagen,
Dem werden selbst die bösen behagen.

인생의 힘든 시기가 가장 낭만적이다.

어떤 일이 얼마나 쉬운가는
그 일을 기획하고 성취한 사람만이 안다.

Wie etwas sei leicht,
Weiß, der es erfunden und der es erreicht.

바다는 항상 넘쳐 밀려오는데,
육지는 바다를 담아서 간직하지 못한다.

Das Meer flutet immer,
Das Land behält es nimmer.

운명은 그대에게 절제가 필요할 때
그대를 시험하니 운명을 그냥 따라라!

Prüft das Geschick dich, weiß es wohl warum:
Es wünschte dich enthaltsam! Folge stumm!

운명을 사랑하라.

걱정과 근심은 그대를 끝없이 미끄러지게 할 뿐
그대의 운명을 바꿔놓지는 못한다.

Denn Sorgen und Kummer verändern es nicht,
Sie schleudern dich ewig aus gleichem Gewicht.

내가 물려받은 재산인 시간은 탁월하고, 멀리 뻗어 있다!
시간은 내가 경작해야 할 밭이다.

Mein Erbteil wie herrlich, weit und breit!
Die Zeit ist mein Besitz, mein Acker ist die Zeit.

언제, 어디서나 그대에게 유익한 것은
솔직성, 판단력, 붙임성이다.

Dir frommt an jedem Ort, zu jeder Zeit
Geradheit, Urteil und Verträglichkeit.

더위와 추위를 견뎌내지 못하는 사람은
인간의 가치를 알리가 없다.

Des Menschen Wert kann niemand erkennen,
Der nicht selbst Hitze und Kälte litt.

기후변화와 환경문제에 관심을 가져라.

4. 서동 시집

괴테의 『서동 시집』(1814)은 서양과 동양 사이의 소통을 목표로 하는 '세계문학'의 모델로서 14세기 페르시아의 시인 하피스의 시를 읽고 영감을 받아 창작한 시들이다.

나를 알고 타인을 아는 사람은
여기서도 알게 될 것이다.
동양과 서양이 서로
떨어질 수 없다는 것을.

두 세계 사이에서 사려 깊게
판단하는 것이 내겐 중요하다.
그러므로 동양과 서양 사이를
오고 가는 것이 가장 바람직한 것이다!

Wer sich selbst und andre kennt,
Wird auch hier erkennen:
Orient und Okzident
Sind nicht mehr zu trennen.

Sinnig zwischen beiden Welten
Sich zu wiegen, lass' ich gelten;
Also zwischen Ost und Westen
Sich bewegen sei zum Besten![67]

다양한 분야에서 동서양의 교류가 활성화되어야 한다. 『서동 시집』은 모두 239편의 시를 12개의 시편에 나누어 묶은 연작시 형식으로 구성되어 있다.

탈리스만[68]

내가 혼란 속에서 헤맬지라도
그대는 나를 빠져나오게 해줍니다.
내가 활동할 때나 시를 창작할 때나
나를 올바른 길로 이끌어 주세요.

더 많은 이익을 얻기 위해서

67) 괴테의 『서동 시집』, HA. Bd.2, 121쪽.

68) 앞으로 『서동 시집』의 독일어 원문은 Goethes Werke, HA. Bd.2, Hamburg 1967 에서 인용하고, 쪽수 표시는 생략한다. 『서동 시집』에 수록된 괴테의 시들을 다룰 때 핵심부분들만 발췌하여 해설하고, 독일어 원문도 해당되는 핵심 시행들만 제시한다.

나는 세상사에 몰두합니다.
먼지 속에서도 맑은 정신은
아무리 억압받아도 위로 치솟아 오릅니다.

호흡에는 숨을 들이쉬고 내쉬는
두 가지 은혜가 깃들어 있다.
압박감과 상쾌함이 연달아 일어나니
삶이란 이처럼 기묘한 혼합이다.
신이 그대를 압박할 때도,
풀어줄 때도 신에게 감사하라.

Im Atemholen sind zweierlei Gnaden:
Die Luft einziehen, sich ihrer entladen;
Jenes bedrängt, dieses erfrischt;
So wunderbar ist das Leben gemischt.
Du danke Gott wenn er dich presst,
Und dank ihm wenn er dich wieder entläßt.

맑은 정신을 갖고 항상 감사한 마음으로 인생을 살아가라.

고백

마음 안에 남모르게 품고 있어도
감추기 어려운 것은 사랑이다.
제일 감추기 어려운 것은 한 편의 시이다.
시를 새롭게 낭송한 시인은
그 시에 흠뻑 빠져들어

친필로 멋지게 적어놓고
세상 사람들이 다 애송하길 바란다.
시가 우리를 고통스럽게 하든, 위로하든
시인은 우리들 모두에게 즐겁게 낭송해준다.

Ferner ist schwer zu verbergen auch
Die Liebe; noch so stille gehegt.
Am schwersten zu bergen ist ein Gedicht.
Hat es der Dichter frisch gesungen,
So ist er ganz davon durchdrungen;
Hat er es zierlich nett geschrieben,
Will er, die ganze Welt soll's lieben.
Er liest es jedem froh und laut,
Ob es uns quält, ob es erbaut.

시의 요소

우리가 노래 부를 때
무엇보다도 사랑이 우리들의 주제이어야 한다.
사랑에 흠뻑 빠져 있다면
더욱 아름다운 소릴 낼 것이다.

Elemente

Liebe sei vor allen Dingen
Unser Thema, wenn wir singen;
Kann sie gar das Lied durchdringen,
Wird's um desto besser klingen.

현상

그대, 활기찬 노인이여,
서글퍼하지 말라.
비록 머리는 곧 하얗게 될지라도
그대는 여전히 사랑할 수 있을 것이다.

Phänomen

So sollst du, muntrer Greis,
Dich nicht betrüben:
Sind gleich die Haare weiß,
Doch wirst du lieben.

현재 속의 과거

이제 숲들은 오래 오래 울창할 테니
그대들은 숲들 속에서 힘내라.
그대들만 즐기던 것을
다른 사람들도 함께 즐기게 하라.
이제 인생의 모든 상황에서
그대들은 즐길 수 있어야 한다.

Im gegenwärtigen Vergangnes

Nun die Wälder ewig sprossen,
So ermutigt euch mit diesen,

Was ihr sonst für euch genossen,
Läßt in andern sich genießen.
Nun in allen Lebensreihen
Müsset ihr genießen können.

인생의 모든 상황들에 적응하고 행복을 느껴라.

노래와 형상

내 마음의 타는 상처를 치유하면
노래는 제대로 울려 퍼진다.
시인의 깨끗한 손은
물도 둥글게 만들 수 있다.

Lied und Gebilde

Löscht' ich so der Seele Brand,
Lied, es wird erschallen;
Schöpft des Dichters reine Hand,
Wasser wird sich ballen.

대담성

너의 발길을 가로막는 것은 모두 치워라!
쓸데없는 노력은 그만해라!
시인은 온몸으로 노래를 불러야 한다.
그러면 생명의 큰 울림이

마음속 가득히 울릴 수 있고
시인의 고통도 저절로 사라진다.

Dreistigkeit

Alles weg, was deinen Lauf stört!
Nur kein düster Streben!
Eh' er singt und eh' er aufhört,
Muß der Dichter leben.

힘차고 유능하게

시 창작은 대단한 용기이니
아무도 나를 비난하지 말라!
그대들도 마음 편히 뜨거운 피를 가져라.
나처럼 신나고 자유로워라.

Derb und Tüchtig

Dichten ist ein übermut,
Niemand schelte mich!
Habt getrost ein warmes Blut
Froh und frei wie ich.

황홀한 동경

불꽃 속의 죽음을 동경하는

살아 있는 것을 나는 찬미한다.
이것을 지혜로운 사람들에게만 말해라,
일반인들에게 말해봤자 비웃음만 살 것이다.

네가 태어났고, 너를 낳았던
서늘한 사랑의 밤에
촛불 조용히 타오르면
너를 엄습하는 이상한 느낌.

더 이상 어둠의 그늘아래
주저앉지 마라,
새로운 갈망이 너를 낚아채
더 높은 결합으로 나아가게 하라.

아무리 멀어도 마법에 홀린 듯
훌쩍 날아와,
나비, 너는 마침내 불꽃을 열망하여
너를 태우는구나.

죽어서 살아나라!
네가 그리 되지 않는다면,
넌 어두운 지상에서
우울한 손님으로 살아갈 뿐이다.

Selige Sehnsucht

Sagt es niemand, nur den Weisen,

Weil die Menge gleich verhöhnet,
Das Lebend'ge will ich preisen,
Das nach Flammentod sich sehnet.

In der Liebesnächte Kühlung,
Die dich zeugte, wo du zeugtest,
Überfällt dich fremde Fühlung,
Wenn die stille Kerze leuchtet.

Nicht mehr bleibest du umfangen
In der Finsternis Beschattung,
Und dich reißet neu Verlangen
Auf zu höherer Begattung.

Keine Ferne macht dich schwierig,
Kommst geflogen und gebannt,
Und zuletzt, des Lichts begierig,
Bist du, Schmetterling, verbrannt.

Und so lang du das nicht hast,
Dieses: Stirb und werde!
Bist du nur ein trüber Gast
Auf der dunklen Erde.

괴테의 『서동시집』에 실려 있는 시로 순간마다 새로워지는 차원 높은 삶을 역설한다. 나비는 새로운 생명을 열망하여 불꽃 속에 몸을 던져 타 죽는다. 소멸이 생성의 전제조건이고, 소멸은 육체적 죽음이 아니라 정신적, 의식적, 내면적 변화 내지는 변용을 의미한다.

촛불은 보다 높은 빛, 보다 높은 불꽃 속의 죽음을 상징하고, 빛과 온기를 주기 위해 스스로 소모된다. 자기희생이다. "촛불을 보라, 녹아 흐르며 비추는 것을"[69], "존재하기 위하여 우리들의 실존을 포기할 때 온전한 예술작품이 생겨난다."[70] 현재의 삶에 만족하지 않고 완성을 향한 새로운 자신으로 변용하기 위하여 지금의 자신으로부터 벗어나는 것, 새롭게 하기에 대한 촉구가 중요하다. "항상 변화하고 굳은 의지로 버텨내고 형태를 만들어내고 또 형태를 바꾸며 경탄하기 위해 나는 존재 한다".[71]

나이 들어가면서 괴테는 활동을 강조한다. "우리들의 영원한 지속에 대한 확신은 활동에서 나온다. 지금 내 삶의 모습이 정신에 더 이상 견지될 수 없다면 자연은 내게 다른 형태의 삶을 제시할 의무가 있다."[72]

사람들이 현실적이고 물질적인 것에 얽매어서 정신적 변형의 계기를 갖지 못하면 우울한 방랑자의 삶일 수밖에 없다. 우울한 삶에서 벗어나는 길은 의미 있는 활동을 끈임 없이 해나가는 것이며, 익숙한 삶에서 미지의 삶으로 옮겨가는 것이 죽음이라면 이 활동이야말로 존재의 영속성을 가져다준다.

다섯 사항

교만한 마음으론 우정을 맺지 못하고,

69) 괴테의 시 『체념』 참조.
70) 괴테, 리머에게 1811. 5. 24.
71) 괴테의 시 『인사말』 참조.
72) 괴테, 에커만에게 1829. 2. 4.

무례는 비천과 같고,
사악해서는 위대해 질 수 없다.
시기심이 많으면 타인을 포용할 수 없고,
가식은 성실과 신뢰와는 거리가 멀다.

Fünf Dinge

Der stolzen Brust wird Freundschaft nicht entsprossen;
Unhöflich sind der Niedrigkeit Genossen;
Ein Bösewicht gelangt zu keiner Größe;
Der Neidische erbarmt sich nicht der Blöße;
Der Lügner hofft vergeblich Treu' und Glauben.

활동(Tätigkeit)은 시간을 짧게 해준다.
나태(Müßiggang)는 시간을 지루하게 한다.
우물쭈물하는 것(Harren und Dulden)은 금물이다.
결단력(nicht lange besinnen)이 유익하다.
자신을 지키는 것(sich wehren)은 명예로운 일이다.

두 편의 다섯 사항 시는 명상시편에 수록되어 있다. 오만과 편견, 무례와 사악함을 벗어난 겸손의 극치에 이를 수 있도록 우리는 노력해야 할 것이다. 오늘날 사람들은 다 자기 잘난 맛에 살맛나 우쭐거리니 뉘우쳐 고개 숙인 나무처럼 살아가려고 하지 않는다. 다른 사람들을 포용하기 어렵고 가식과 기만이 판을 친다. 성실과 신뢰는 어디로 가버렸는가. 영화 『타이타닉』의 명대사 "나는 당신을 믿는다."를 떠올려 보면 어떨까. 인간관계에서 신뢰는 유리그릇 같아서 한번 깨지면 복원하기가 간단하지 않다.

의미와 가치로 넘실대는 활동, 거친 세파에도 중심을 잃지 않고 자신을 지키는 용기와 결단이야말로 수박 껍질 같은 삶이 아닌 성공과 행복이 알알이 박힌 석류 같은 삶으로 우리를 이끌 것이다. 괴테는 의미 있는 인생을 자기혁신과 환골탈태의 과정으로 본다.

독본

책들 가운데서 제일 별난 책은
사랑의 책이다.
사랑의 책을 정독해보면
기쁨에 관한 내용은 얼마 안 되고,
책 전체가 아픔이다.

Lesebuch

Wunderlichstes Buch der Bücher
Ist das Buch der Liebe;
Aufmerksam hab' ich's gelesen:
Wenig Blätter Freuden,
Ganze Hefte Leiden.

사랑의 고통은 사랑의 기쁨에서 나온다.

인생이란 얄미운 장난,
사람들마다 결핍된 것이 있게 마련이고,
사람들마다 소원도 제 각각이다.

능력도 서로 다르고 행운도 끼어들고,
불행까지 겹치면 사람들은
원치 않아도 짐을 져야 한다.

Das Leben ist ein schlechter Spaß,
Dem fehlt's an Dies, dem fehlt's an Das,
Der will nicht wenig, der zuviel,
Und Kann und Glück kommt auch ins Spiel.
Und hat sich's Unglück drein gelegt,
Jeder, wie er nicht wollte, trägt.

인생의 짐을 기꺼이 짊어져라.

옳은 것을 파악하려면
근본으로 살아야만 한다.
항상 자신이 새로워져야만
날마다 새 소식을 들을 수 있고,
소일거리 오락은 사람들이 마음을
피폐하게 한다.

Denn das Rechte zu ergreifen,
Muß man aus dem Grunde leben.
Daß nur immer in Erneuung
Jeder täglich Neues höre,
Und auch die Zerstreuung
Jeden in sich selbst zerstöre.

오락보다는 의미 있는 일에 몰입하라.

매 순간마다 내 마음은 왜 이렇게 불안할까?
인생은 짧고, 하루는 길다.
언제나 계속 떠나고 싶어 하는 내 마음
하늘을 향한 것인지는 알 수 없지만
마음은 계속 달아나려 한다.
자신으로부터도 달아나려 한다.
애인의 품안에 안겨 함께 날아간다면,
하늘에서 편히 쉴 수 있다.
삶의 회오리가 몰아쳐도
마음은 항상 한 곳에만 매달리네.

Was wird mir jede Stunde so bang?
Das Leben ist kurz, der Tag ist lang.
Und immer sehnt sich fort das Herz,
Ich weiß nicht recht, ob himmelwärts;
Fort aber will es hin und hin,
Und möchte vor sich selber fliehen,
Und fliegt es an der Liebsten Brust,
Da ruht's im Himmel unbewußt;
Der Lebensstrudel reißt es fort,
Und immer hängt's an Einem Ort.

세상사에 짓눌려
도움과 희망도
아무 소용없는 사람에게는
친절한 말 한마디만 해 줘도
그를 계속해서 치유해 줄 수 있다.

Wenn der schwer Gedrückte klagt,
Hülfe, Hoffnung sei versagt,
Bleibet heilsam fort und fort
Immer noch ein freundlich Wort.

미소, 따뜻한 마음, 관심, 경청, 배려는 돈이 없어도 남에게 베풀 수 있다.

적절한 때에 아는 사람은 아무도 없다!
우리가 적절한 때에 알아차릴 수만 있다면,
진리는 여기저기 널려 있을 것이며
사랑스럽고 부드러우리.

Niemand versteht zur rechten Zeit!
Wenn man zur rechten Zeit verstünde,
So wäre Wahrheit nah und breit,
Und wäre lieblich und gelinde.

그대는 영원히 안전하다.
어떤 사람도 그대에게서
걱정이 없는 두 친구인
포도주잔과 노래책을 앗아 갈 수 없을 것이다.

Du bist auf immer geborgen,
Das nimmt dir niemand wieder:
Zwei Freunde, ohne Sorgen,
Weinbecher, Büchlein Lieder.

걱정이 많을 때는 술과 노래를 즐기고 신나게 춤춰라.

살아있다는 것은 기쁜 일이고
그대와 함께 살아가는 것은 더욱 큰 기쁨입니다.
줄라이카, 그대 있음에 난 너무나 행복합니다.
그대가 사랑의 열정을 공처럼 내게 던지면
내가 받아 다시 그대에게 던집니다.

Freude des Daseins ist groß,
Größer die Freud' am Dasein,
Wenn du, Suleika,
Mich überschwenglich beglückst,
Deine Leidenschaft mir zuwirfst,
Als wär's ein Ball,
Daß ich ihn fange,
Dir zurückwerfe.

사랑하는 사람과 함께 호흡하는 삶은 행복하다.

그대가 아낌없이 내게 준 행복은
더욱 더 새롭기만 합니다.
수많은 실 가닥으로 엮어진 내 행복의 실타래를
그대에게서 풀려면 오랜 시간이 걸릴 것입니다.

Aber Tage währt's,
Jahre dauert's, daß ich neu erschaffe
Tausendfältig deiner Verschwendungen Fülle,

Auftrösle die bunte Schnur meines Glücks,
Geklöppelt tausendfadig
Von dir, o Suleika.

그대의 사랑에 내 시의 진주를 바칩니다.
그대라는 사랑의 파도가
황량한 내 삶의 해변에다 실어다 준 진주입니다.
그대의 목과 가슴에 걸고 다니세요.

Hier nun dagegen
Dichterische Perlen,
Die mir deiner Leidenschaft
Gewaltig Brandung
Warf an des Lebens
Verödeten Strand aus.
Nimm sie an deinen Hals,
An deinen Busen!

사랑에는 사랑으로, 순간에는 순간으로,
말에는 말로, 눈길에는 눈길로.
숨결에는 숨결로, 행복에는 행복.
아침에도, 저녁에도 이렇게 지냅시다.

Lieb' um Liebe, Stund' um Stunde,
Wort um Wort und Blick um Blick;
Hauch um Hauch und Glück um Glück.
So am Abend, so am Morgen!

각자 분수만 지킨다면
인생은 모두 살 만한 것입니다.
현재의 상태에 만족해 정체되면
모든 걸 잃게 됩니다.

Jedes Leben sei zu führen,
Wenn man sich nicht selbst vermißt;
Alles könne man verlieren,
Wenn man bliebe, was man ist.

결코 당신을 잃고 싶지 않습니다.
사랑에 힘을 주는 것은 사랑입니다.
강렬한 열정으로
나의 젊음을 장식해 주세요.

Nimmer will ich dich verlieren!
Liebe gibt der Liebe Kraft.
Magst du meine Jugend zieren
Mit gewalt'ger Leidenschaft.

아, 사람들이 나의 시인을 칭찬할 때면
내 마음은 뿌듯합니다.
삶은 사랑이고,
삶의 삶은 정신입니다.

Ach! wie schmeichelt's meinem Triebe,
Wenn man meinen Dichter preist:
Denn das Leben ist die Liebe,

Und des Lebens Leben Geist.

그대의 달콤한 루비 같은 입으로
못마땅한 일을 불평하지 말아요.
치유하는 법을 찾는 것이
바로 사랑의 고통이 아닐까요?

Laß deinen süßen Rubinenmund
Zudringlichkeiten nicht verfluchen;
Was hat Liebesschmerz andern Grund,
Als seine Heilung zu suchen?

그대 마음속의 부서진 세계를
항상 다시 일으켜 세우세요.
그대의 맑은 눈은 나를 위해 빛나고,
그대의 심장은 나를 위해 뛰고 있어요.

Mag sie sich immer ergänzen
Eure brüchige Welt in sich!
Diese klaren Augen, sie glänzen,
Dieses Herz, es schlägt für mich!

나 혼자 앉아 있는 이곳보다
더 편한 곳이 어디 있을까?
그 누구의 방해도 받지 않고
나 혼자 포도주를 마음껏 마시며
이 생각, 저 생각, 마음껏 할 수 있다.

Sitz' ich allein,
Wo kann ich besser sein?
Meinen Wein
Trink' ich allein,
Niemand setzt mir Schranken,
Ich hab' so meine eignen Gedanken.

혼술, 혼밥, 혼차, 이런 순간에도 모든 것이 단일성을 이룬다. All-Einheit in der Alleinheit.

우린 모두 취해 있어야 한다!
청춘이란 포도주 없이도 취해 있는 것,
늙은이도 술을 마시면 젊어진다.
이것은 오묘한 덕목이다.
애정 어린 삶에도 걱정이 많을 수 있는데
포도주를 마시면 걱정이 사라지네.

Trunken müssen wir alle sein!
Jugend ist Trunkenheit ohne Wein;
Trinkt sich das Alter wieder zu Jugend,
So ist es wundervolle Tugend.
Für Sorgen sorgt das liebe Leben,
Und Sorgenbrecher sind die Reben.

냉정할 때에는
안 좋은 것이 어른거린다.
술이 취하면

올바른 것을 알 수 있다.
다만 과음하는 것이 문제이다.
술을 마실 줄 모르면
사랑하지 말아야 한다.
사랑할 줄 모르면 술 마실 자격도 없다.

Solang man nüchtern ist,
Gefällt das Schlechte;
Wie man getrunken hat,
Weiß man das Rechte;
Nur ist das übermaß
Auch gleich zuhanden.
Wenn man nicht trinken kann,
Soll man nicht lieben;
Wenn man nicht lieben kann,
Soll man nicht trinken.

제2장

드라마『파우스트』

Ⅰ. 명대사

1. 서곡 3장면의 명대사

- 한 순간 반짝 빛나는 것은 오래가지 못하고,
  진정한 것은 후세에까지 살아남는다.

Was glänzt, ist für den Augenblick geboren,
Das Echte bleibt der Nachwelt unverloren.[1)]

현상과 본질에 관한 명대사이다. 오늘날에는 눈에 보이는 현상적인 것이 본질적인 것보다 더 중요하게 된 것처럼 느껴질 때가 많다.

- 가진 것은 없었지만 진리를 알려는 몸부림과
  즐거운 환상으로 마음만은 뿌듯했지요.
  저 자유로운 충동을,
  저 깊고 쓰리고 쓰린 행복을,
  미워하고 사랑할 수 있는 힘을,
  나의 젊음을 돌려주오!

Ich hatte nichts und doch genug:
Den Drang nach Wahrheit und die Lust am Trug.
Gib ungebändigt jene Triebe,

1) 앞으로 작품『파우스트』의 독일어 원문은 Goethes Werke, Hamburger Ausgabe (HA.) Bd.3, München 1986에서 인용하고, 쪽수 표시는 생략한다.

Das tiefe, schmerzenvolle Glück,
Des Hasses Kraft, die Macht der Liebe,
Gib meine Jugend mir zurück!

젊음이라면 진리를 탐구해야 하고, 자유로운 상상력을 갖춰야 한다.

- 오늘 못한 일은 내일도 못한다.
단 하루도 놓치지 말아야 한다.
작정하고 우선 가능한 일부터
과감하게 시작하면
그것을 놓쳐 버리고 싶지 않아서
계속해서 실행하게 된다.

Was heute nicht geschieht, ist morgen nicht getan,
Und keinen Tag soll man verpassen.
Das Mögliche soll der Entschluß
Beherzt sogleich beim Schopfe fassen,
Er will es dann nicht fahren lassen
Und wirket weiter, weil er muß.

날마다 계획을 세워 실천해 나가라.

- 인간은 치열하게 노력하는 한 헤매게 되어 있다.
Es irrt der Mensch, solang' er strebt.

노력하지 않으면 방황도 없다. 도전하고 시도하라!

- 아무리 어두운 충동 속에 휩싸여 있어도
  착한 사람은 올바른 길을 잘 알고 있다.

Ein guter Mensch in seinem dunklen Drange
Ist sich des rechten Weges wohl bewußt.

어떤 때는 방황할 수 있지만 인생의 올바른 방향을 잡고 살아가야 한다.

- 인간의 활동은 너무 쉽게 나태해져,
  한없이 놀기를 바라니,
  악마인 네가 인간에게 자극을 주고
  정신 반짝 들게 해주는 동반자가 되어라.

Des Menschen Tätigkeit kann allzuleicht erschlaffen,
Er liebt sich bald die unbedingte Ruh;
Drum geb' ich gern ihm den Gesellen zu,
Der reizt und wirkt und muß als Teufel schaffen.

목표를 향해 가는 과정에 동기부여와 끈기가 필요하다.

- 그는 하늘에선 제일 아름다운 별들을 갖고 싶어 하고,
  이 세상에선 온갖 탐욕에 매달리고 있지만,
  가까이 있는 것이나 멀리 있는 것이나 모두 깊이 요동치는
  그의 마음을 흡족하게 할 수는 없다.

Vom Himmel fordert er die schönsten Sterne

Und von der Erde jede höchste Lust,
Und alle Näh' und alle Ferne
Befriedigt nicht die tiefbewegte Brust.

인간의 양극성은 마음의 갈등을 가져온다.

2.『파우스트』 제1부의 명대사

- 몽롱한 모든 지식에서 벗어나
네 이슬에 흠뻑 젖어 홀가분해지고 싶다!

Von allem Wissensqualm entladen,
In deinem Tau gesund mich baden!

파우스트는 모든 학문을 두루 연구했으나 아무 것도 알 수 없다는 결론에 이르게 되어 절망에 빠진다. 모든 지식과 이론은 회색이니 거기서 벗어나 자연 속에서 심신을 회복시키고자 한다.

- 가난 속에 깃들인 이 충만감!

In dieser Armut welche Fülle!

물질이나 재산보다는 정신과 영혼의 충만감을 즐겨라.

- 희망은 새로 피어나고,
사람들은 삶의 시냇물을,

아, 삶의 근원을 동경한다.

Und Hoffnung wieder an zu blühn,
Man sehnt sich nach des Lebens Bächen,
Ach! nach des Lebens Quelle hin.

내 삶에서 근본적인 것을 찾아내라.

- 이 세계를 가장 깊은 밑바닥에서 받쳐
결속시켜 주는 것이 무엇인가를 인식하고,
모든 활동력과 근원을 직관할 수 있다면
더 이상 무슨 말이 필요하겠는가.

Daß ich erkenne, was die Welt
In Innersten zusammenhält,
Schau' alle Wirkenskraft und Samen,
Und tu' nicht mehr in Worten kramen.

이 세계의 근원을 알려고 노력해야 한다.

- 세상이 내게 줄 수 있는 것은 무엇인가?
부족해도 견디고 살아라!
이것이 영원한 노래이다.

Was kann die Welt mir wohl gewähren?
Entbehren sollst du! sollst entbehren!
Das ist der ewige Gesang.

완벽한 인생은 없으니 결핍을 받아들이고 절제하라.

- 일어나 달아나자! 저 바깥 넓은 세계로!

Flieh! auf! hinaus ins weite Land!

틀 속에 갇혀있지 말고 견문을 넓혀라! 역동적으로 생활하는 것이 중요하다.

- 싱그럽고 고결한 삶의 행복이
내 신경과 혈관 속에 새롭게 차오른다.

Ich fühle junges, heil'ges Lebensglück
Neuglühend mir durch Nerv' und Adern rinnen.

싱싱한 삶, 기품 있는 삶을 영위하라!

- 네 오감이 굳어 있고, 네 마음이 죽었다!

Dein Sinn ist zu, dein Herz ist tot!

감각과 감성을 활성화하라!

- 하나하나가 모여 전체를 이루고, 하나가 다른 하나 속에서 활동하면서 살아간다.

Wie alles sich zum Ganzen webt,
Eins in dem andern wirkt und lebt!

개인과 공동체의 유기적인 관계를 성찰해야 한다.

- 난 힘이 팍팍 솟아나고, 난 새로 마신 포도주로 타오른다.
  난 용기가 치솟는다. 삶을 살아내는 것을 겁내지 않고,
  이 세상의 불행과 행복도 감내하고, 휘몰아치는 폭풍에도,
  침몰선에서도 의연할 수 있는 용기를 느낀다.

Schon fühl' ich meine Kräfte höher,
Schon glüh' ich wie von neuem Wein,
Ich fühle Mut, mich in die Welt zu wagen,
Der Erde Weh, der Erde Glück zu tragen,
Mit Stürmen mich herumzuschlagen
Und in des Schiffbruchs Knirschen nicht zu zagen.

한계상황에서도 굳은 의지가 있으면 버틸 수 있다.

- 진심에서 우러난 언행이 아니면
  결코 감동을 줄 수 없다.

Doch werdet ihr nie Herz zu Herzen schaffen,
Wenn es euch nicht von Herzen geht.

마음에서 우러나오는 언행일치가 바람직한 처세술이다.

- 빛나는 정신에도 시간이 가면
  이물질이 생기는 법이다.
  우리가 이 세상의 좋은 것을 달성해도
  더 좋은 것이 나타나

그것을 기만과 망상으로 치부해버린다.
우리에게 생명을 넣어준 찬란한 감정들도
세속적인 혼란으로 굳어버리고 만다.

Dem Herrlichsten, was auch der Geist empfangen,
Drängt immer fremd und fremder Stoff sich an;
Wenn wir zum Guten dieser Welt gelangen,
Dann heißt das Beßre Trug und Wahn.
Die uns das Leben gaben, herrliche Gefühle,
Erstarren in dem irdischen Gewühle.

마음과 정신 속에 이물질이 끼지 않도록 항상 마음을 챙겨라.

- 마음 속 깊이 걱정이 많으면
은밀한 괴로움이 생겨나
불안하게 흔들어대 의욕과 안정을 망친다.
걱정은 항상 새로운 모습으로 나타난다.
우리는 사소한 일에 쩔쩔매고
잃지 않을 텐데도 항상 눈물 흘린다.

Die Sorge nistet gleich im tiefen Herzen,
Dort wirket sie geheime Schmerzen,
Unruhig wiegt sie sich und störet Lust und Ruh;
Sie deckt sich stets mit neuen Masken zu,
Du bebst vor allem, was nicht trifft,
Und was du nie verlierst, das mußt du stets beweinen.

걱정의 적정선을 정해 놓고 생활하라.

- 부모로부터 상속받은 것은
  소유하기 위해 거저 얻은 것이고,
  의미 있게 쓰지 않는 재산은 무거운 짐과 같다.
  필요한 순간에만 재산은 가치 있다.

Was du ererbt von deinen Vätern hast,
Erwirb es, um es zu besitzen.
Was man nicht nützt, ist eine schwere Last,
Nur was der Augenblick erschafft, das kann er nützen.

재산에 대한 탐욕을 줄이고 정신적인 가치를 추구하라.

- 현재의 삶이 내겐 무거운 짐이다.

Und so ist mir das Dasein eine Last.

우리는 삶의 무게를 감내할 줄 알아야 한다.

- 아! 정신의 날개는 이처럼 가뿐한데
  육체의 날개가 말을 듣지 않는다.

Ach! zu des Geistes Flügeln wird so leicht
Kein körperlicher Flügel sich gesellen.

괴테는 마태복음 26장 41절 '마음에는 원이지만 육신이 약하다'를 새롭게 해석하여 실천적인 행위 및 자유와 관련지어 이처럼 역설한다.

- 아! 내 마음엔 두 자아가 살고 있다.
  하나가 다른 하나로부터 분리되려고 한다.
  하나는 속된 사랑의 욕구에 매달리고,
  다른 하나는 흙먼지를 떨쳐내고
  고상한 선철들의 세계를 지향한다.
  나를 새롭고 다채로운 삶으로 이끌어다오!

Zwei Seelen wohnen, ach! in meiner Brust,
Die eine will sich von der andern trennen;
Die eine hält, in derber Liebeslust,
Sich an die Welt mit klammernden Organen;
Die andre hebt gewaltsam sich vom Dust
Zu den Gefilden hoher Ahnen.
Und führt mich weg, zu neuem, buntem Leben!

쾌락의 욕구를 고상한 향상심으로 바꿔라.

- 내 마음 속에서 생동하는 창의성은 잡다한 세상사로 위축된다.

Die Schöpfung meiner regen Brust
Mit tausend Lebensfratzen hindert.

고독 속에서 의미 있는 것을 구상하고 창출하라.

- 내가 침대에 누워 나태해지면 곧바로 나는 끝장이다.

Werd' ich beruhigt je mich auf ein Faulbett legen,
So sei es gleich um mich getan!

게으름은 곧 파멸에 이르게 한다.

- 나는 어떤 아픔도 감내하면서
  전 인류에게 주어진 것을
  내 내면에서 향유하겠다.
  내 정신은 고상하고 심오한 것을 붙잡고,
  행복과 불행을 내 마음에 간직하면서
  나를 전 인류에로 뻗어나가게 하겠다.

Mein Busen, der vom Wissensdrang geheilt ist,
Soll keinen Schmerzen künftig sich verschließen,
Und was der ganzen Menschheit zugeteilt ist,
Will ich in meinem innern Selbst genießen,
Mit meinem Geist das Höchst' und Tiefste greifen,
Ihr Wohl und Weh auf meinen Busen häufen,
Und so mein eigen Selbst zu ihrem Selbst erweitern,
Und, wie sie selbst, am End' auch ich zerscheitern.

다양한 것들을 체험하여 자신을 넓고 깊게 발전시켜라.

- 생기발랄한 봄이 오니 얼어붙었던
  강물과 시냇물이 녹아 흐른다.
  골짜기엔 희망찬 행복이 초록으로 빛난다.

일상을 봄날처럼 살아가라.

Vom Eise befreit sind Strom und Bäche
Durch des Frühlings holden, belebenden Blick;

Im Tale grünet Hoffnungsglück.

- 마을로부터 들려오는 환호성,
이런 곳이야말로 사람들의 진정한 천국이다.
이런 곳에서 비로소 나는 사람다운 사람이 된다.

Ich höre schon des Dorfs Getümmel,
Hier ist des Volkes wahrer Himmel,
Zufrieden jauchzet groß und klein.
Hier bin ich Mensch, hier darf ich's sein!

함께 어울려 살아가는 것이 행복이다.

- 모두들 돈을 향해 달려들고, 돈에만 매달려 있다.

Nach Golde drängt,
Am Golde hängt
Doch alles. Ach wir Armen!

돈 없이는 살아갈 수 없지만 돈이 인생의 전부는 아니다.

- 기쁨에는 슬픔이, 슬픔에는 기쁨이 뒤따른다.

Freud' muß Leid, Leid muß Freude haben.

세상사에는 득실과 장단점이 있게 마련이다.

- 청춘들아, 일어나라, 세파에 찌든 가슴을
아침햇살로 살아나게 하라!

„Auf, bade, Schüler, unverdrossen
Die ird'sche Brust im Morgenrot!"

젊은 시절을 비전과 희망으로 살아가야 미래가 밝다.

- 느끼는 것만이 전부다.

Gefühl ist alles.

그레트헨은 파우스트가 신을 믿고 있는가를 확인해 보고 싶어서 신에 대한 질문을 던졌는데, 이에 대해 파우스트는 그때그때의 대상들에게서 느끼는 감정이 가장 중요하다고 역설한다. 괴테는 자연을 탐구할 때는 범신론자이고, 창작할 때는 다신론자이고, 도덕적으로는 일신론자이다.[2)]

- 멈추어라, 그대는 너무나 아름답구나!

Verweile doch! du bist so schön!

이 대사는 1부(1700행)와 2부(11582행)에서 두 번 나온다. 파우스트가 '멈추어라, 그대는 너무나 아름답구나!'라고 말하는 순간 그는 메피스토와의 내기에서 진다. '그대'는 여기서 그 대상의 제한이 없다. 인간의 탐욕은 그때그때 마음의 상태에 따라 달라지는데, 어느 하나에 집착하게 되면 인생을 잘못 살게 되는 것임을 부각시키는 명대사이다.

2) Wir sind naturforschend Pantheisten, dichtend Polytheisten, sittlich Monotheisten. '금언과 성찰' 807.

3. 『파우스트』 제2부의 명대사

- 헤매지 않고는 깨달음에 이르지 못한다.
  스스로의 힘으로 생겨나 봐라!

  Wenn du nicht irrst, kommst du nicht zu Verstand.
  Willst du entstehn, entsteh auf eigne Hand!

방황하는 과정을 거쳐서 삶의 지혜를 터득한다. 자립정신이 중요하다.

- 행위가 모든 것이다.

  Die Tat ist alles.

파우스트는 제1부에서 로고스를 '행위'로 번역한다. 성공과 행복을 위해서는 행동이 답이다. 말하기는 쉬어도 실천하기는 어렵다.

- 생명의 맥박은 신선하고 활기차게 뛰고,
  동트는 아침 하늘에 따뜻한 인사를 보낸다.
  세상은 지난밤에도 한결같더니,
  새로운 활기로 내 곁에서 호흡하면서
  나를 의욕에 넘치게 하고,
  저 높은 새로운 존재를 향하여
  정진하려는 결심을 내게 불러일으킨다.

  Des Lebens Pulse schlagen frisch lebendig,
  Ätherische Dämmerung milde zu begrüßen;

Du, Erde, warst auch diese Nacht beständig
Und atmest neu erquickt zu meinen Füßen,
Beginnest schon, mit Lust mich zu umgeben,
Du regst und rührest ein kräftiges Beschließen,
Zum höchsten Dasein immerfort zu streben.

우리는 날마다 활기차게 삶을 끌어 올려야 한다.

- 다채로운 반사에서 인생을 알 수 있다.

Am farbigen Abglanz haben wir das Leben.

무지개를 관찰하면서 사색에 잠기는 장면에서 나오는 대사인데, 무지개란 사람들이 노력하는 것을 보여주는 거울과 같아서 무지개처럼 다채로운 일상을 살아가면 일상이 이상이 된다.

칭찬할 만한 아름다움은
즐겁게 인생을 살아갈 때 솟아난다.
아름다움은 기쁨에 가득 찬 것이고,
우아한 아름다움은 아무도 거부할 수 없다.

Nur solch ein Wesen kann ich preisen,
Das froh und lebenslustig quillt.
Die Schöne bleibt sich selber selig;
Die Anmut macht unwiderstehlich.

외모뿐만이 아니라 마음과 정신도 갈고 닦아 우아미가 넘쳐야

한다.

- 나는 기꺼이 시라는 재화를
  베풀 때 완성되는 시인입니다.

  Bin der Poet, der sich vollendet,
  Wenn er sein eigenst Gut verschwendet.

명시들을 많은 사람들에게 향수처럼 뿌려라.

- 네가 맑디맑은 세계를 제대로 들여다 볼 수 있는 곳,
  네 것이면서 너만을 신뢰할 수 있는 곳,
  아름답고 착한 것만이 마음에 드는 곳,
  그런 고독의 세계로 가거라! 그 곳에서 너만의 세계를 만들어 내라.

  Nur wo du klar ins holde Klare schaust,
  Dir angehörst und dir allein vertraust,
  Dorthin, wo Schönes, Gutes nur gefällt,
  Zur Einsamkeit! Da schaffe deine Welt.

고독은 창작의 산실이다.

- 난 굳어버린 것 속에서 행복을 바라지 않는다.
  경탄이야말로 인간의 최고 감정이다.
  세상사로 이 감정을 느끼기 어렵지만
  경탄할 수 있어야 거대한 것을 깊이 느낄 수 있다.

Doch im Erstarren such' ich nicht mein Heil,
Das Schaudern ist der Menschheit bestes Teil;
Wie auch die Welt ihm das Gefühl verteure,
Ergriffen, fühlt er tief das Ungeheure.

감동과 경탄이 궁핍한 시대가 되었다. 문학과 예술이 더욱 절실한 시대이다.

- 햇빛이 사라져도 문제없다.
우리들의 마음에 날이 밝으면
이 세상에 없는 것도
마음속에서 찾을 수 있다.

Laß der Sonne Glanz verschwinden,
Wenn es in der Seele tagt,
Wir im eignen Herzen finden,
Was die ganze Welt versagt.

오늘날에는 상상력이 경쟁력이다.

- 밤하늘에 가득한 찬란한 달빛은
우리에게 안정과 행복을 가져다준다.

Tiefsten Ruhens Glück besiegelnd
Herrscht des Mondes volle Pracht.

분주한 일상에서도 밤하늘의 달빛을 바라보며 행복을 느껴보라.

- 인간의 생명은 핏속에서 살고 있는데,
  누가 청춘만큼 피가 끓겠는가?
  그것은 신선한 힘 속에서 생동하는 피며,
  새로운 생명을 만들어 낸다.
  모든 것이 요동치고, 뭔가 이뤄진다.
  나약한 것은 사라지고, 유능해진다.

Des Menschen Leben lebt im Blut, und wo
Bewegt das Blut sich wie im Jüngling so?
Das ist lebendig Blut in frischer Kraft,
Das neues Leben sich aus Leben schafft.
Da regt sich alles, da wird was getan,
Das Schwache fällt, das Tüchtige tritt heran.

청춘시절은 인생의 특권이다. 열정으로 과감하게 목표를 향해 나아가라!

청춘은 생동하는 활동을 즐겨야 한다.

- 고상한 부부의 사랑이
  인간적인 행복을 누리게 한다.
  자녀가 태어나면
  신적인 기쁨을 누릴 수 있다.

Liebe, menschlich zu beglücken,
Nähert sie ein edles Zwei,
Doch zu göttlichem Entzücken
Bildet sie ein köstlich Drei.

행복은 사랑에 충만한 가정에서 나온다.

- 이 세상엔 아직도 해내야 할
  위대한 일들이 많다.
  놀랄만한 업적을 이뤄야 한다.
  용기와 근면으로 해낼 수 있는 힘을 느낀다.

  Dieser Erdenkreis
  Gewährt noch Raum zu großen Taten.
  Erstaunenswürdiges soll geraten,
  Ich fühle Kraft zu kühnem Fleiß.

인생은 짧고 이뤄내야 할 일들은 많다. 용기와 근면으로 성취해 내라.

- 자신의 마음을 다스릴 줄 모르는 사람은
  다른 사람들의 의지를
  그의 오만에 따라 통제하려고 한다.

  Denn jeder, der sein innres Selbst
  Nicht zu regieren weiß, regierte gar zu gern
  Des Nachbars Willen, eignem stolzem Sinn gemäß.

인간이란 이겨내야 할 그 무엇이다. 내 자신을 극복하는 사람은 천하를 얻을 수 있다.

- 불가능한 것을 간절히 바라는 사람을 난 사랑한다.

Den lieb' ich, der Unmögliches begehrt.

자신의 능력을 마음껏 발휘하라.

- 현재만이 우리의 행복이다.

Die Gegewart allein ist unser Glück.

현재에 충실할 때 나와 세계가 일치함을 직관할 수 있어서 행복을 느낄 수 있다. 현재는 행복한 선물이다.

- 운명에 대해 너무 깊이 파고들지 말라.
  현재 살아가는 것은 순간이지만 의무이기도 하다.

Durchgrüble nicht das einzigste Geschick!
Dasein ist Pflicht, und wär's ein Augenblick.

일상을 잘 살아가는 것은 의무이다.

- 힘이 있으면 정의도 따라온다.
  무엇을 갖느냐가 중요하지, 어떻게는 알 필요가 없다.

Man hat Gewalt, so hat man Recht.
Man fragt ums Was, und nicht ums Wie.

목적과 수단이 정당해야 한다.

- 부유함 속에서도 결핍을 느끼는 것은

무척 참기 어려운 인간의 고통이다.

So sind am härtsten wir gequält,
Im Reichtum fühlend, was uns fehlt.

모든 것을 두루 다 갖추기는 어렵다.

- 날마다 치열하게 실행하는 사람만이
자유와 인생을 향유할 수 있다.

Nur der verdient sich Freiheit wie das Leben,
Der täglich sie erobern muß.

이 세상에 공짜는 없다. Freedom is not free!

- 항상 치열하게 노력하는 사람을
우리는 구원할 수 있다.

Wer immer strebend sich bemüht,
Den können wir erlösen.

끈기 있게 노력하면 하늘도 감동한다.

- 산만한 정신으론 목표에 이르기 어렵다.

Zerstreutes Wesen führt uns nicht zum Ziel.

몰입하라! 그러면 성취할 것이다.

- 때가 이르러야 심은 것을 거둘 수 있다.

Man säe nur, man erntet mit der Zeit.

목표를 이루는 데는 인내와 시간이 필요하다.

- 이미 있는 것에서 벗어나
형상에 얽매이지 않는 나라로 가라!
형상과 변형이 끝없이
일어나는 즐거움이다.

Entfliehe dem Entstandnen
In der Gebilde losgebundne Reiche!
Gestaltung, Umgestaltung,
Des ewigen Sinnes ewige Unterhaltung.

우리는 새로운 것을 끊임없이 창출해 내야 한다.

- 영원한 여성적인 것이
우리를 이끌어 올린다.

Das Ewig-Weibliche
Zieht uns hinan.

모성적이고 헌신적인 사랑이 우리의 삶을 승화시킨다.

Ⅱ.『파우스트』 제1부

1. 학자 비극

학자 비극은 ‘밤’ 장면에서 ‘마녀의 부엌’ 장면까지를 일컫는다.

‘밤’ 장면: 파우스트는 인생, 세계, 자연, 우주를 깊이 있게 알기 위해 질풍노도의 거인적인 충동으로 철학, 신학, 법학, 의학 등 모든 학문분야를 열정적으로 연구했으나, 인간의 인식과 지식 능력의 한계를 절감하고 아무 것도 알 수 없다는 결론에 이른다. 절망에 빠진 파우스트는 그 탈출구로 마법에 몰두해 보고, 달빛(자연)에 안겨보며, 지상의 모든 자연현상을 관장하는 정령인 지령을 불러내기도 한다.

하지만 이것들도 파우스트의 불안과 절망을 달래 줄 수 없다. 그에게 다시 희망과 삶의 애착을 주는 것은 어린 시절부터 들어왔던 예수부활의 합창소리이다. 파우스트는 다시 살아난다. “이 세상이 나를 다시 갖게 되었다.”라고 그는 외친다. 우리 모두는 소중한 존재로 세상에 기여하며 살아가야 하지 않을까?

중간에 파우스트의 제자인 바그너가 등장하는데, 그는 지식의 힘을 믿는 계몽주의자로서 실용적 처세술을 중요하게 생각한다. 한편 파우스트는 지식에 실망과 환멸을 느낀 인물이다.

‘밤’ 장면을 포함한 작품 『파우스트』의 구성 원리중의 하나는 대립으로서의 현상의 이원성, 양극성과 승화, 심장수축과 심장확대의 개념이다. 두 원칙이 상호작용하면서 새로운 것, 보다 높은 것을 창출해 내는 방식인데, 서로 상대적으로 대립되는 것이 함께하는 방법을 아는 것이 깨달음이다. 자연은 보다 높은 통합을 지향하고 있는 대립 속에서 작용한다. 양극성은 식물에서 '뿌리의 극'과 '새싹의 극'에서 나타나며, 승화는 양극을 교묘하게 서로 결합시키는 중간관절의 연속성에서 나타난다. 양극성이란 자석의 두 극처럼 하나가 두 극으로 나누어지는 성질로서 서로의 존재나 주장, 태도 등이 맞서고 동시에 서로가 상대를 자신의 존재 조건으로 하는 관계이다.

> "양극성은 우리가 그것을 물질적인 것으로 생각하는 한 물질에 속하며, 승화는 우리가 그것을 정신적인 것으로 생각하는 한 정신에 속한다. 양극성은 끊임없는 끌어당김과 밀어냄 가운데에 존재하며, 승화는 끊임없이 지향하는 상승가운데에 존재한다. 그런데 정신이 없이는 물질이, 물질이 없이는 정신이 결코 실존할 수도, 작용할 수도 없으므로, 정신이 자신을 끌어당겼다 밀어냈다 하는 대로 물질조차도 자신을 승화시킬 수 있는 것이다."[3)]

> "자연을 정확하게 관찰하는 사람들은 그들이 설사 서로 다르게 생각할지라도, 나타나는 모든 것, 하나의 현상으로서 우리와 만나게 마련인 모든 것은 통합이 가능한 시원적 분열을 암시해야 하든가 아니면 분열이 가능한 시원적 통합을 암시해야 하고 그런 방식으로 자신을 드러내 보여야 한다는 사실에 의견이 일치할 것이다. 통합된 것을 분열시키고, 분열된 것을 통합시키는 것이 자연의 삶이다.
>
> 이것은 우리가 살고, 활동하며 존재하고 있는 세계의 영원한 심장수축과 심장이완이자 영원한 통합과 분리이며 호흡인 것

3) HA. Bd. 13, 48쪽.

이다."[4]

'성문 앞에서' 장면: 이 장면에서는 파우스트, 바그너, 농부들, 젊은 직공들, 학생, 시민 등 다양한 사람들이 등장하여 부활절 축제를 즐기는 신나는 광경이 펼쳐진다. 외골수가 아닌 배려, 협력, 상생, 인간미 넘치는 삶, 서로 더불어 사는 것이 바람직한 삶이라는 메시지를 던져 준다.

파우스트는 마을 언덕에 올라가 산책하면서 이러한 풍경을 다음과 같이 외친다.

생기발랄한 봄이 오니 얼어붙었던
강물과 시냇물이 녹아 흐른다.
골짜기엔 희망찬 행복이 초록으로 빛나고
기나긴 겨울은 맥없이 거친 산 속으로 돌아갔다.
겨울이 지나가면서 가벼운 싸락눈을 뿌려
초록들판에 수를 놓는다.
햇볕은 흰색을 싫어한다. 여기저기서 형성과 정진이
활기를 띠고, 봄 햇살로 만물이 소생한다.
여기엔 꽃들은 없지만 분장한 사람들이 모여든다.
이 높은 언덕에서 마을을 내려다보면
어둡고 텅 빈 성문에서 인파가 몰려온다.
오늘은 모두들 햇볕을 쬐고 싶은 거야.
사람들은 새로 태어난 기분이어서 예수의 부활을 축하한다.
초라한 집구석으로부터,

4) HA. Bd. 13, 488쪽.

답답한 박공과 지붕으로부터,
비좁은 골목길로부터,
교회의 경건한 밤으로부터
그들은 모두 밝음을 찾아 나왔다.
보아라! 공원과 들판을 가로질러 붐비는 인파를,
강위에 떠다니는 신나는 나룻배들을,
마지막 조각배가 사람들을 가득 실어
가라앉듯이 멀어져간다.
산속 오솔길에도 형형색색 치장한 사람들이 보인다.
마을로부터 들려오는 환호성,
이런 곳이야말로 사람들의 진정한 천국이다.
이런 곳에서 비로소 나는 사람다운 사람이 된다. (903-940)

FAUST. Vom Eise befreit sind Strom und Bäche
Durch des Frühlings holden, belebenden Blick;
Im Tale grünet Hoffnungsglück;
Der alte Winer, in seiner Schwäche,
Zog sich in rauhe Berge zurück.
Von dorther sendet er, fliehend, nur
Ohnmächtige Schauer körnigen Eises
In Streifen über die grünende Flur;
Aber die Sonne duldet kein Weißes:
Überall regt sich Bildung und Streben,
Alles will sie mit Farben beleben;
Doch an Blumen fehlt's im Revier,
Sie nimmt geputzte Menschen dafür.
Kehre dich um, von diesen Höhen

Nach der Stadt zurückzusehen.
Aus dem hohlen finstern Tor
Dringt ein buntes Gewimmel hervor.
Jeder sonnt sich heute so gern.
Sie feiern die Auferstehung des Herrn,
Denn sie sind selber auferstanden,
Aus niedriger Häuser dumpfen Gemächern,
Aus Handwerks- und Gewerbesbanden,
Aus dem Druck von Giebeln und Dächern,
Aus der Straßen quetschender Enge,
Aus der Kirchen ehrwürdiger Nacht.
Sind sie alle ans Licht gebracht.
Sieh nur, sieh! wie behend sich die Menge
Durch die Gärten und Felder zerschlägt,
Wie der Fluß, in Breit' und Länge,
So machen lustigen Nachen bewegt,
Und bis zum Sinken überladen
Entfernt sich dieser letzte Kahn.
Selbst von des Berges fernen Pfaden
Blinken uns farbige Kleider an.
Ich höre schon des Dorfs Getümmel,
Hier ist des Volkes wahrer Himmel,
Zufrieden jauchzet groß und klein.
Hier bin ich Mensch, hier darf ich's sein! [5] (903-940)

5) 앞으로 작품『파우스트』의 독일어 원문은 Goethes Werke, Hamburger Ausgabe (HA.) Bd.3, München 1986에서 인용하고, 쪽수 표시는 생략한다.

마을 사람들이 서로 어울려 춤을 즐기는데, 이것은 니체가 말한 초인의 특성과도 연결지울 수 있다. 인생을 살아가면서 세상사가 힘들어도 춤추는 디오니소스처럼 기쁘게 일상을 향유하는 사람이 초인이다.

괴테는 마태복음 26장 41절 '마음에는 원이지만 육신이 약하다'를 다음과 같이 바꿔서 표현한다. 하늘높이 비상하는 자유를 예찬하고 있는데, 현대인들에게 자유란 무엇일까? 모든 사람들의 천성과 소망은 독수리처럼 날아다니는 자유인의 삶인데, 오늘날 어떤 사람이 자유인인가?

아! 정신의 날개는 이처럼 가뿐한데
육체의 날개가 말을 듣지 않는다.
종달새 울음소리 창공에 울려 퍼질 때,
하늘 높이 우뚝 솟은 전나무위로
독수리가 날개를 활짝 펴고 떠돌 때,
들판과 호수 위로 두루미가 둥지를 찾아 날을 때,
사람들도 하늘 높이 날아오르고 싶은 것이다.

Ach! zu des Geistes Flügeln wird so leicht
Kein körperlicher Flügel sich gesellen.
Doch ist es jedem eingeboren,
Daß sein Gefühl hinauf und vorwärts dringt,
Wenn über uns, im blauen Raum verloren,
Ihr schmetternd Lied die Lerche singt;
Wenn über schroffen Fichtenhöhen
Der Adler ausgebreitet schwebt,

Und über Flächen, über Seen
Der Kranich nach der Heimat strebt.(1090-1099)

파우스트의 마음속엔 두 가지의 서로 다른 충동이 있다. 순간의 쾌락이냐 고상한 정신적 가치냐, 그것이 문제로다! 인간의 이중성과 양극성의 문제이다.

아! 내 마음엔 두 자아가 살고 있다.
하나가 다른 하나로부터 분리되려고 한다.
하나는 속된 사랑의 욕구에 매달리고,
다른 하나는 흙먼지를 떨쳐내고
고상한 선철들의 세계를 지향한다.
오, 하늘과 땅을 주재하며 공중에서
떠도는 정령들이 있다면, 금빛 아지랑이에서 내려와
나를 새롭고 눈부신 삶으로 인도해다오!

Zwei Seelen wohnen, ach! in meiner Brust,
Die eine will sich von der andern trennen;
Die eine hält, in derber Liebeslust,
Sich an die Welt mit klammernden Organen;
Die andre hebt gewaltsam sich vom Dust
Zu den Gefilden hoher Ahnen.
O gibt es Geister in der Luft,
Die zwischen Erd' und Himmel herrschend weben,
So steiget nieder aus dem goldnen Duft
Und führt mich weg, zu neuem, buntem Leben!(1112-1121)

'서재 1' 장면: 파우스트는 신약성서 요한복음 1장1절인 "태초에 말씀이 계시니라."를 독일어로 번역한다. 로고스Logos는 말씀, 뜻, 힘, 행위의 4가지 의미를 포괄한다. 행위는 파우스트의 구원과 연결된다. "항상 치열하게 노력하는 사람을 우리는 구원할 수 있다."라는 파우스트 제2부 천사들의 합창이 이를 입증한다.

메피스토는 역설, 합리성, 허무주의로 자신의 정체성을 밝힌다.

나는 항상 악을 바라지만
항상 선을 창조해내는 힘의 일부이다.
난 항상 부정하는 정신이다.
생겨나는 모든 것은 파멸하기 마련이다.
차라리 생성되는 것이 하나도 없는 것이 더 좋다.
죄, 파괴, 악이야말로 나의 본성이다.

MEPHISTOPHELES.

Ein Teil von jener Kraft,
Die stets das Böse will und stets das Gute schafft.
Ich bin der Geist, der stets verneint!
Und das mit Recht; denn alles, was entsteht,
Ist wert, daß es zugrunde geht;
Drum besser wär's, daß nichts entstünde.
So ist denn alles, was ihr Sünde,
Zerstörung, kurz das Böse nennt,
Mein eigentliches Element.(1335-1344)

메피스토는 밝음이나 빛을 싫어하기 때문에 그의 우주론은 어둠과 혼란에서 출발한다.

'서재 2' 장면: 주인공 파우스트는 처음에는 삶에 대한 회의로 모든 것을 저주하면서 허무주의에 빠진다.

> 무슨 옷을 걸쳐도 난 답답한
> 세상살이로 괴로워할 것이다.
> 난 놀기엔 너무 늙었고, 소망 없이 존재하기엔 너무 젊다.
> 세상이 내게 줄 수 있는 것은 무엇인가?
> 부족해도 견디고 살아라!
> 이것이 영원한 노래이다.
> 하루에 단 하나의 계획도 실행하지 못해
> 정말 울고 싶어라.
> 내 가슴속에서 꿈틀거리는 창조력은
> 잡다한 세상사로 위축된다.
> 내 현존재가 무거운 짐이요,
> 인생이 지겨워 어서 죽었으면 한다.

> FAUST. In jedem Kleide werd' ich wohl die Pein
> Des engen Erdelebens fühlen.
> Ich bin zu alt, um nur zu spielen,
> Zu jung, um ohne Wunsch zu sein.
> Was kann die Welt mir wohl gewähren?
> Entbehren sollst du! sollst entbehren!
> Das ist der ewige Gesang,
> Ich möchte bittre Tränen weinen,

Den Tag zu sehn, der mir in seinem Lauf
Nicht Einen Wunsch erfüllen wird, nicht Einen,
Die Schöpfung meiner regen Brust
Mit tausend Lebensfratzen hindert.
Und so ist mir das Dasein eine Last,
Der Tod erwünscht, das Leben mir verhaßt.(1544-1571)

드디어 파우스트는 모든 것들을 저주한다.

꿈속에서 우리를 속이는
명예 따위를 난 저주한다.
황금의 신 마몬을 저주한다,
재산이 많으면 거만해질 수 있고,
안락한 쾌락을 즐기려기 때문이다.
저주한다, 향긋한 포도 맛을!
저주한다, 저 높은 사랑의 은혜를!
저주한다, 희망과 믿음을!
저주한다, 무엇보다도 참아 내는 것을!

Verflucht, was uns in Träumen heuchelt,
Des Ruhms, der Namensdauer Trug!
Verflucht, was als Besitz uns schmeichelt,
Verflucht sei Mammon, wenn mit Schätzen
Er uns zu kühnen Taten regt,
Wenn er zu müßigem Ergetzen
Die Polster uns zurechtelegt!
Fluch sei dem Balsamsaft der Trauben!

Fluch jener höchsten Liebeshuld!
Fluch sei der Hoffnung! Fluch dem Glauben,
Und Fluch vor allen der Geduld!(1595-1606)

그는 정신과 의식의 진통과정을 거쳐 새로운 삶을 긍정하게 된다. 파우스트는 모든 것을 체험해 봄으로써 비로소 인생의 깊이를 알게 된다고 생각하여 그의 자아를 인류의 자아로까지 확대하고자 한다.

지식의 충동에서 벗어나 내 마음은
어떤 아픔도 감내하면서
전 인류에게 주어진 것을
내 내면의 자아로 향유하겠다.
내 정신은 숭고하고 심오한 것을 붙잡고,
행복과 불행을 내 가슴에 간직하면서
내 자신의 자아를 전 인류의 자아로까지
뻗어나가게 하겠다.

Mein Busen, der vom Wissensdrang geheilt ist,
Soll keinen Schmerzen künftig sich verschließen,
Und was der ganzen Menschheit zugeteilt ist,
Will ich in meinem innern Selbst genießen,
Mit meinem Geist das Höchst' und Tiefste greifen,
Ihr Wohl und Weh auf meinen Busen häufen,
Und so mein eigen Selbst zu ihrem Selbst erweitern.(1768-1775)

파우스트의 무제한적 자아 확대는 긍정적인 관점과 부정적인 관점으로 나눠서 해석될 수 있다. 부단히 노력하는 향상심은 긍정적이지만, '나' 중심주의나 자아의 절대화는 공동체 생활과 충돌하게 되어 부정적인 면이다.

'라이프치히의 아우어바흐 지하 술집' 장면: 그 당시 대학생들의 생활(자유 만세, 술 만세! 2244행)과 전설적인 이야기가 뒤얽힌 풍속도.

'마녀의 부엌' 장면: 마녀들의 마술로 파우스트가 30년이나 젊어진다(2342행), 얼마나 좋을까?(파우스트는 60대에서 30대로 젊어진다는 것이 일반적인 의견이지만, 지금까지 헛되게 살아온 30년의 세월을 말끔히 지우고 새로운 인생 출발을 의미하기도 한다.). 여기서 마술은 파우스트가 탈이성, 악마에게 순종하게 한다.

2. 그레트헨 비극

그레트헨 비극은 '거리' 장면에서 '감옥' 장면까지를 말한다.

'거리' 장면: 마르가레테(그레트헨), 그녀는 얌전, 소박, 청순, 천진난만, 신앙심이 깊다. 괴테가 말한 "영원한 여성"의 한 전형(파우스트 2부의 마지막에 "영원히 여성적인 것이 우리를 이끌어 올린다."). 대속녀(파우스트의 죄과를 대신 속죄하면서 그의 구원을 간청하는 여인)(2부 마지막 장면).

'저녁' 장면: 파우스트의 그레트헨에 대한 feel은 상반적이다. 타고난 천사, 모성애, 물밀쳐 오는 향락의 충동. 메피스토는 작업의 정석(그레트헨을 파우스트의 여친으로 만들어 주기 위해)으로 그레트헨의 방안에 장신구를 넣은 보석함을 갖다 놓는다. 여성들에게 보석이란?(여성들의 국어사전). 그레트헨의 대사 가운데 돈에 대한 멘트 "모두들 돈을 향해 달려들고, 돈에만 매달려 있으니..."(2802-3행), 돈이란 무엇인가?

'산책길' 장면: 파우스트는 그레트헨의 환심을 살만한 새로운 보석을 마련하라고 메피스토에게 말한다.

'이웃 여인의 집' 장면: 그레트헨과 마르테는 보석에 대해 이야기 나누고, 메피스토가 들어와 파우스트와 그레트헨의 소개팅을 위해 분위기를 살핀다.

'길거리' 장면: 파우스트는 그레트헨을 만나고 싶어 안달이다. 사랑의 열성, 무한과 영원같은(3064-5행).

'정원' 장면: 드디어 파우스트는 그레트헨을 만난다. 그레트헨은 파우스트와 팔짱을 끼고 산책한다. 그녀는 꽃잎을 뜯으며 꽃점을 친다(3180-3행). 파우스트, 그녀에게 사랑을 고백한다.

'정원의 작은 정자' 장면: 파우스트를 그레트헨도 사랑한다.

'숲과 동굴' 장면: 파우스트는 그레트헨을 사랑하지만 결혼까지는 생각하지 않는다. 그래서 마음의 갈등과 괴로움을 달래기 위해 숲과 동굴 속에서 위안을 얻으려고 한다. 파우스트는 악마의 동반자로서 정결한 그레트헨과 결혼한다는 것은 양심의 가책을 느낄 일이라고 생각하면서도 관능의 향락을 떨치지 못하고 있다(3249-50행).

‘그레트헨의 방’ 장면: 그레트헨은 남친 파우스트를 무척 그리워한다. 그레트헨의 노래, 슈베르트가 작곡.

‘마르테의 정원’ 장면: 파우스트와 그레트헨, 사랑의 클라이막스. 그녀는 파우스트의 신앙에 대해 궁금해 한다. 신앙 없이는 사랑도 영원할 수 없다.

‘우물가에서’ 장면: 연애에 빠졌다가 배신당한 동네 다른 여자의 소문을 듣고 남의 일 같지 않아 고민에 빠지는 그레트헨.

‘성 안쪽 길’ 장면: 그레트헨은 성모상 앞에서 기도하며 고통에서 벗어나게 해달라고 간청한다.

‘밤’ 장면(그레트헨의 집 앞 거리): 그레트헨의 오빠(군인, 발렌틴)는 여동생의 타락한 소문을 듣고 그렇게 만든 파우스트와 메피스토에게 분개하지만 결투에서 그만 사망한다.

‘성당’ 장면: 그레트헨은 미사 때 악령에 시달린다.

‘발푸르기스의 밤’ 장면: 메피스토는 파우스트를 관능적 환락의 세계로 유혹하기 위해 발푸르기스 날 밤에 브로켄 산에서 열리는 마녀들의 축제로 끌고 간다. 기괴한 환상의 세계이다.

870년에 성인의 반열에 오른 독일의 수녀 Walpurgis를 위한 축제, 독일인들은 5월 1일 전날 밤 악마들이 마녀들을 ‘검은 숲 Schwarzwald’에 모이게 하여 나쁜 일을 꾸민다고 믿었는데, 이를 5월 1일 성인이 된 발푸르기스가 막는다는 뜻에서 시작된 축제이다.

브로켄 산: 독일 중부 하르츠산맥에 위치한 최고봉으로 높이는

1,142m 이다. 괴테는 하르츠산맥을 세 번이나 여행했다. 독일 중동부 Sachsen-Anhalt주의 도시 Quedlinburg와 Thale에서는 매년 마녀축제가 열린다.

'감옥' 장면: 그레트헨의 미친 환상, 헛소리, 불안한 영혼과 슬픈 추억을 묘사한다. 메피스토는 "그녀가 심판을 받았다"고 외치지만, 천상의 목소리는 "그녀가 구원을 받았다"고 말한다.

Ⅲ. 『파우스트』 제2부

『파우스트』 제2부는 총 5막으로 구성되어 있고, 제1막에서는 낡은 경제와 새로운 경계, 제2막에서는 역사와 자연, 제3막에서는 과거와 예술, 제4막에서는 전쟁과 획득, 제5막에서는 전원과 미개지라는 주제성이 서술된다.

1. 제1막

1.1. 풍취 좋은 지방

파우스트는 제1부의 마지막 장면(감옥)에서 정신적인 죽음을 체험하였다. 제2부의 첫 장면(풍취 좋은 지방)에서 파우스트는 다시 태어나게 되는데, 이것은 다분히 괴테의 의도적인 계획이었음이 엑커만과의 대화에서 명확히 밝혀지고 있다.

"나는 그 주인공을, 내가 그렇게 했듯이, 완전히 무력화시키고,

아무것도 아닌 존재로 관찰할 수밖에 없었다. 하지만 그러한 외관상의 죽음으로부터 하나의 새로운 삶을 점화할 수밖에 없었다."[6]

재생은 하나의 엄청난 변신이다. 예전과는 다른 새로운 방식으로 세계를 경험하는 사람으로의 변신이며, 심리적 자아로부터 벗어나 우주적 자아로의 변신인 것이다.

제1부에서 파우스트는 인간정신에 설정된 한계를 수동적 방법으로 없애려고 했던 반면에, 2부에서는 총체성을 향한 목표 지향적 인물로 변신한다.

이 장면은 천상계를 서술하는 서정적 노래시행(4613-4620)과 지상계를 서술하는 드라마적 낭송시행(4621-4633, 4666-4678, 4679-4727)으로 양분된다. 주인공 파우스트는 이 장면에서 다양한 꽃들이 피어있는 들판에 누워 피곤하고 불안한 모습으로 잠을 청하고, 석양 무렵에 요정들은 공중에서 떠돌고 있다.

아리엘은 항상 인간을 도와주려는 대기의 요정이다. 요정들이 심신이 지쳐버린 파우스트를 위해 노래를 불러줌으로써 파우스트는 다시 회복이 되어, 앞으로 '큰 세계'에서 활동할 수 있는 에너지를 갖게 된다.

아리엘

봄날 꽃들에 비가 내리고

6) D. Lohmeyer: Faust und die Welt, München 1975, 61쪽.

초록색 들판의 축복이
세상 사람들에게 빛날 때,
귀여운 요정들 너그러운 마음으로
도움을 줄 수 있는 곳으로 서둘러 찾아간다.
착한 사람이든, 악한 사람이든,
어려운 사람이면 돌봐준다.

ARIEL.

Wenn der Blüten Frühlingsregen
Über alle schwebend sinkt,
Wenn der Felder grüner Segen
Allen Erdgebornen blinkt,
Kleiner Elfen Geistergröße
Eilet, wo sie helfen kann,
Ob er heilig, ob er böse,
Jammert sie der Unglücksmann.(4613-4620)

이 사람의 머리 위를 맴돌고 있는 요정들아,
여기서 고상한 요정의 노래를 불러 주어
강렬한 마음의 갈등을 진정시키고,
쓰디 쓴 비난을 사라지게 하고,
그의 내면을 공포로부터 벗어나게 하라.
넷으로 구분되는 밤 시간을
곧장 다정하게 충만하게 하라.
하루 내내 충분히 쉬어 활력이 생기면
경직된 육체도 곧 풀어질 것이다.

그를 고상한 빛에게로 다시 인도해 주는
무척 아름다운 의무를 다하라, 요정들이여.

Die ihr dies Haupt umschwebt im luft'gen Kreise,
Erzeigt euch hier nach edler Elfen Weise,
Besänftiget des Herzens grimmen Strauß,
Entfernt des Vorwurfs glühend bittre Pfeile,
Sein Innres reinigt von erlebtem Graus.
Vier sind die Pausen nächtiger Weile,
Nun ohne Säumen füllt sie freundlich aus.
Erst senkt sein Haupt aufs kühle Polster nieder,
Dann badet ihn im Tau aus Lethes Flut;
Gelenk sind bald die krampferstarrten Glieder,
Wenn er gestärkt dem Tag entgegenruht;
Vollbringt der Elfen schönste Pflicht,
Gebt ihn zurück dem heiligen Licht. (4621-4633)

합창

산들바람이 초록 들판에 산들 불고,
저녁노을엔 진한 향기와 안개가 어린다.
어린아이처럼 편히 잠들 수 있도록
달콤한 자장가를 불러 주어라.
피곤한 그의 눈이 쉬도록
그 날의 문을 닫아 주어라.

어느 새 밤이 되어
큰 별들, 작은 별들,

가까이에서도, 멀리서도
여기 호수에서도, 저기 밤하늘에서도
반짝 반짝 빛난다.
눈부신 달빛아래
오랜만에 찾아 온 행복한 휴식.

벌써 많은 시간이 흘러
아픔과 행복이 사라졌다.
그대는 건강해질 것임을 예감하라!
새로운 날의 빛남을 믿어라.
초록색 골짜기, 높고 낮은 언덕들,
숲은 휴식의 그늘이다.
곡식들을 수확할 때 출렁이는 은빛 물결.

그대의 소원을 이루려면
저기 광채를 쳐다보아라!
잠은 껍데기, 벗어 던져라!

다른 사람들은 머뭇거리며 방황할지라도
그대는 곧바로 과감히 행동하라.
제대로 이해하여 곧장 실행하는
고상한 사람은 모든 것을 해 낼 수 있다.

CHOR.

Wenn sich lau die Lufte füllen
Um den grünumschränkten Plan,

Süße Düfte, Nebelhüllen
Senkt die Dämmerung heran.

Lispelt leise süßen Frieden,
Wiegt das Herz in Kindesruh;
Und den Augen dieses Müden
Schließt des Tages Pforte zu.

Nacht ist schon hereingesunken,
Schließt sich heilig Stern an Stern,
Große Lichter, kleine Funken
Glitzern nah und glänzen fern;
Glitzern hier im See sich spiegelnd,
Glänzen droben klarer Nacht,
Tiefsten Ruhens Glück besiegelnd
Herrscht des Mondes volle Pracht.

Schon verloschen sind die Stunden,
Hingeschwunden Schmerz und Glück;
Fühl es vor! Du wirst gesunden;
Traue neuem Tagesblick.
Täler grünen, Hügel schwellen,
Buschen sich zu Schattenruh;
Und in schwanken Silberwellen
Wogt die Saat der Ernte zu.

Wunsch um Wünsche zu erlangen,
Schaue nach dem Glanze dort!

Leise bist du nur umfangen,
Schlaf ist Schale, wirf sie fort!
Säume nicht, dich zu erdreisten,
Wenn die Menge zaudernd schweift;
Alles kann der Edle leisten,
Der versteht und rasch ergreift. (4634-4665)

밤 시간을 넷으로 구분한 것은 유년기, 반영, 희망, 행위를 상징한다.[7] 저녁은 고달픈 마음을 달래 아기 모양 잠재우고, 밤은 호수에 비쳐 반짝이는 반영으로 나타난다. 아침은 희망으로서 자신을 알린다. 잠에서 깨어나 파우스트는 저 높은 존재를 향해서 정진하는 행위를 중요시 한다.

파우스트

생명의 맥박은 신선하고 활기차게 뛰고,
동트는 아침 하늘에 따뜻한 인사를 보낸다.
세상은 지난밤에도 한결같더니,
새로운 활기로 내 곁에서 호흡하면서
나를 의욕에 넘치게 하고,
저 높은 새로운 존재를 향하여
정진하려는 결심을 내게 불러일으킨다.
세상은 여명 속에서 이미 열려 있다.
숲속엔 다양한 삶의 울림이 있고,
골짜기엔 안개가 끼어 있다.

7) W. Emrich: Die Symbolik von Faust 2. Frankfurt a.M. 1964, 100쪽.

하늘의 맑은 기운이 깊게 스며들고,
나뭇가지들도 싱싱하게 싹터 나온다.
여러 색깔의 꽃들과 꽃잎들이
진주처럼 영롱한 이슬을 머금고 있으니
내가 있는 곳이 바로 낙원이 된다.

FAUST. Des Lebens Pulse schlagen frisch lebendig,
Ätherische Dämmerung milde zu begrüßen;
Du, Erde, warst auch diese Nacht beständig
Und atmest neu erquickt zu meinen Füßen,
Beginnest schon, mit Lust mich zu umgeben,
Du regst und rührest ein kräftiges Beschließen,
Zum höchsten Dasein immerfort zu streben. —
In Dämmerschein liegt schon die Welt erschlossen,
Der Wald ertönt von tausendstimmigem Leben,
Tal aus, Tal ein ist Nebelstreif ergossen,
Doch senkt sich Himmelsklarheit in die Tiefen,
Und Zweig und Äste, frisch erquickt, entsprossen
Dem durf'gen Abgrund, wo versenkt sie schliefen;
Auch Farb' und Blatt von Zitterperle triefen —
Ein Paradies wird um mich her die Runde.(4679-4694)

바위들 위에서 흘러내리는 폭포수를
나는 경외심으로 바라본다.
헤아릴 수 없이 수많은 물줄기는
쏟아져 내려 왔다가 물거품 날리며 하늘 높이 치솟는다.
무지개는 정말 눈부시게 아름답다.

무지개는 맑은 모습으로 공중에 흩날리면서
싱그러운 소나기를 후련하게 퍼붓는다.
무지개란 사람들이 노력하는 것을 보여주는 거울과 같다.
무지개를 관찰하면서 사색에 잠기면
삶이란 다채로운 반사라는 것을 알게 될 것이다.

Der Wassersturz, das Felsenriff durchbrausend,
Ihn schau' ich an mit wachsendem Entzücken.
Von Sturz zu Sturzen wälzt er jetzt in tausend,
Dann abertausend Strömen sich ergießend,
Hoch in die Lüfte Schaum an Schäume sausend.
Allein wie herrlich, diesem Sturm ersprießend,
Wölbt sich des bunten Bogens Wechseldauer,
Bald rein gezeichnet, bald in Luft zerfließend,
Umher verbreitend duftig kühle Schauer.
Der spiegelt ab das menschliche Bestreben.
Ihm sinne nach, und du begreifst genauer:
Am farbigen Abglanz haben wir das Leben.(4716-4727)

위의 파우스트 모노로그는 테르치네 형식으로 표현되는데, 이는 광범위한 세계적 이념들을 일반적인 연관성으로 연결시키는데 적합하며, 높고 높은 현존재를 향한 파우스트적 충동에도 부합된다.

파우스트는 무지개를 보면서 신적인 것은 활동하는 자연 현상 속에서 인간의 정신에 나타난다는 사실을 깨닫는다. 영원히 창조하는 자연 그 자체의 원동력에 의해 그는 체험하고 성찰한다. 그의 자아체험은 세계체험과 융합되어 있다. 자연의 운동과정, 발전과정에서 그는 자신의 깨어남, 소생, 새로운 삶에의 준비를 경험한다.

세계를 인식하는 것이 신에 이르는 지름길이다. 세계는 신과 인간 사이에 가교를 놓는 중개자이다. 신은 인간에게 그 모습을 직접 내보이지 않는 법이다. 무지개는 신적인 것의 표시로서 신과 인간 사이의 유대의 상징으로 나타난다. 영롱한 무지개는 태양이 폭포수속에서 반사될 때 생긴다. 한 쪽에는 이념적인 것을 상징하는 태양이, 다른 한 쪽에는 소재적인 세계를 상징하는 폭포수가 있다. 이 두 개의 상호작용으로 찬란한 무지개가 생겨난다. 신적인 것은 직접 그 자체로서 인식될 수 없고, 반영, 반사, 실례, 상징, 개별적인 유사한 현상들 속에서만 파악될 수 있다.

괴테는 '특수한 것' 속에서 '일반적인 것'을 관찰했다. 특수한 것은 일반적인 것의 상징과 비유로 나타난다. 일반에 대한 특수의 관계를 괴테는 다음과 같이 설명한다.

> 일반이란 무엇인가?
> 개개의 경우이다.
> 특수란 무엇인가?
> 수백만의 경우이다.
>
> Was ist das Allgemeine?
> Der einzelne Fall.
> Was ist das Besondere?
> Millionen Fälle.[8]

---

8) HA. Bd.12, 433쪽.

1.2. 황제의 궁성. 왕좌의 홀

수상

국가엔 온통 열병 같은 분노가 들끓고,
악한 것이 악순환 되고 있으니
인간 정신에 도리가, 마음에 착함이,
손에는 근면과 열성이 있을지라도
무슨 소용이 있겠어요?
높은 대궐 위에서 나라 안을 내려다보는 사람은
괴물들이 기괴한 꼴로 맹위를 떨치고,
불법이 합법적인 것처럼 판을 치고,
오류투성이의 세계가 벌어지고 있는 꼴을 보면,
마치 악몽과 같은 생각이 들 것입니다.

KANZLER.

Doch ach! Was hilft dem Menschengeist Verstand,
Dem Herzen Güte, Willigkeit der Hand,
Wenn's fieberhaft durchaus im Staate wütet
Und Übel sich in Übeln überbrütet?
Wer schaut hinab von diesem hohen Raum
Ins weite Reich, ihm scheint's ein schwerer Traum,
Wo Mißgestalt in Mißgestalten schaltet,
Das Ungesetz gesetzlich überwaltet
Und eine Welt des Irrtums sich entfaltet.(4778-4786)

이처럼 모든 세상은 산산조각 나고
적절한 것은 없어져 갑니다.
우리들을 정의로 이끄는 가치가
어떻게 발전해 나갈 수 있겠습니까?

So will sich alle Welt zerstückeln,
Vernichtigen, was sich gebührt;
Wie soll sich da der Sinn entwickeln,
Der einzig uns zum Rechten führt?(4799-4802)

재무장관

여러 권한을 위임해 버려서
우리 국가엔 아무 권한이 남아 있지 않습니다.
당파들을 오늘날엔 신뢰할 수 없고,
그들이 칭찬하든, 비판하든
사랑과 미움이 상관없게 되었습니다.
황제파이든, 교황파이든 안락한 생활만 즐기려고 합니다.
이제 누가 이웃을 도와주겠습니까?
모두들 자신의 금전적 이익을 많이 챙겨서,
국고는 텅 비어 있습니다.

SCHATZMEISTER.

Wir haben so viel Rechte hingegeben,
Daß uns auf nichts ein Recht mehr ubrigbleibt.
Auch auf Parteien, wie sie heißen,

Ist heutzutage kein Verlaß;
Sie mögen schelten oder preisen
Gleichgültig wurden Lieb' und Haß.
Die Ghibellinen wie die Guelfen
Verbergen sich, um auszuruhn;
Wer jetzt will seinem Nachbar helfen?
Ein jeder hat für sich zu tun.
Ein jeder kratzt und scharrt und sammelt,
Und unsre Kassen bleiben leer.(4839-4851)

제1막의 '황제의 궁성' 장면은 경제가 파탄되고, 도덕이 타락하고 폭동에 위협받는 국가상을 부각시킨다. 협동심과 연대의식이 상실되어 버렸고, 공공연한 불법, 불법적 폭력행위, 사회전반에 만연해 있는 부패가 판을 치고 있다. 병무상도 그의 군대를 더 이상 통솔할 수 없다. 인플레이션이 심화되어 국가가 부도와 파산지경에 이르렀는데도 기생하는 지배계층은 언제 폭발할지 모르는 화산 위에서 신명나게 축제를 즐기며 춤추고 있다.

이 장면에서 제국의 경제적 침체, 정치적 해체, 심각한 국가위기가 극명하게 드러나 있다. 재무상은 황제파와 교황파 사이의 당파 싸움을 통탄한다(4843이하).

황제 충성파와 황제 반역파간의 사회적인 양극화는 급기야 제4막에서 시민전쟁으로 끝난다. 황제파들까지도 충성보다는 자신들의 이익을 챙기기에 여념이 없고, 용병까지도 삯전과 미수금 때문에 국가에 얽매어 있는 것처럼 행세한다(4819이하). 제1막에서 무법과 약탈이 활개 치는 것(4785이하)은 제4막에 가서는 결국 무정부상태, 동족간의 전쟁, 만인의 만인에 대한 전투로 치닫게 된다(10261). 폭력과 불의에 대한 제어장치가 결여됨으로써 사회정의가 실종되었다(4801이하). 이웃에 대한 무관심(4867)은 "이웃집의 화재가 너희들을 소실시킬 것"(10396)이라는 상호의 존성을 망각케 한다. 왕권의 상실은 사회의 자기파괴와 결합되어 있고, 당파는 정치질서의 파괴로 나타난다.

괴테는 1826년에 발표한 그의 논문『근대 교황파와 황제파』에서 고전주의자들과 낭만주의자들 사이의 불화와 논쟁을 그 시대를 휩쓸고 있었던 사회 전반적인 싸움으로 보았고,『예술과 고대』라는 글에서 고전주의와 낭만주의 사이의 대립을 조합의 강압과 영업 권리를 둘러싼 분쟁과 비교하고 있다.[9] 파우스트 2부에서는 이러한 고전주의와 낭만주의 사이의 반목관계가 당시의 정치적 경제적 제반문제 속에서 반영되고 있다. 그러한 의미에서 괴테의 문학적 현실은 당시의 시대사적인 사건들과 밀접한 연관성이 있는 것이다.

경제와 정치문제는 무엇보다도 제1막, 제4막 그리고 제5막에서 서술되고 있다. 제1막은 낡은 봉건국가의 붕괴와 지폐의 분배에 의한 그 회생의 시도를 보여준다. 제4막은 시대사적인 복고주의 국면을 풍자하고, 제5막에서는 봉건적 구조로의 회귀가 자본주의 근대화의 모티브와 교차되고 있다. 이러한 두개의 역사적 체계가 특이하게 혼합되는 것은 생시몽주의적 사회유토피아에 대한 풍자에서도 제시되고 있다. 이율배반적인 막들의 구성 - 낡은 경제와 새로운 경계(1막), 역사와 자연(2막), 과거와 예술(3막), 전쟁과 획득(4막), 전원과 미개지(5막) -으로부터 근대의

9) WA 1, 41/2, 276쪽, T. Zabka: Faust 2, Tübingen 1993, 229쪽.

알레고리적 총체해석이 생겨나는 것이다.

이 세상에 부족한 것이 없는 곳이 있을까요?
이 국가엔 돈이 부족합니다.
지혜가 있으면 아주 깊은 곳에서도 파낼 수 있지요.
산속 광맥과 성벽의 바닥에서 금을 발견할 수 있지요.
능력 있는 사람의 타고난 힘과 정신력이
금을 찾아서 파 낼 수 있지요.

MEPHISTOPIHELES.

Wo fehlt's nicht irgendwo auf dieser Welt?
Dem dies, dem das, hier aber fehlt das Geld.
Doch Weisheit weiß das Tiefste herzuschaffen.
In Bergesadern, Mauergründen
Ist Gold gemünzt und ungemünzt zu finden,
Begabten Manns Natur- und Geisteskraft.(4889-4896)

당신들이 손으로 만질 수 없는 것은 아주 멀리 있고,
당신들이 잡을 수 없는 것은 전혀 없는 것이고,
당신들이 계산할 수 없는 것은 진실하지 않고,
당신들이 달아 볼 수 없는 것은 무게가 없고,
당신들이 만들 수 없는 돈은 의미가 없다고 믿는 것이지요.

Was ihr nicht tastet, steht euch meilenfern,
Was ihr nicht faßt, das fehlt euch ganz und gar,
Was ihr nicht rechnet, glaubt ihr, sei nicht wahr,

Was ihr nicht wägt, hat für euch kein Gewicht,
Was ihr nicht münzt, das, meint ihr, gelte nicht.(4918-4922)

금과 보석과 고급 포도주는
밤과 무서운 곳에 휩싸여 있지요.
지혜로운 사람은 이곳을 끝까지 찾아냅니다.
대낮에 알아낸다는 건 장난 짓입니다.
어둠속에 신비스런 것들이 숨어 있지요.

Essenzen solcher edlen Weine,
Gold und Juwelen nicht alleine
Umhüllen sich mit Nacht und Graus.
Der Weise forscht hier unverdrossen;
Am Tag erkennen, das sind Possen,
Im Finstern sind Mysterien zu Haus.(5027-5032)

천문박사

산만한 정신으론 목표에 이르기 어렵고요,
안정된 마음으로 속죄하고,
천상적인 것을 통해 세상적인 것을 얻어야 해요.
좋은 것을 바라면 먼저 착해야 하고,
기쁨을 바라면 들끓는 피를 절제해야 하고,
포도주를 바라면 익은 포도송이를 짜야 하고,
기적을 바라면 확신을 가져야 해요.

ASTROLOG.

Zerstreutes Wesen führt uns nicht zum Ziel,
Erst müssen wir in Fassung uns versühnen,
Das Untre durch das Obere verdienen.
Wer Gutes will, der sei erst gut;
Wer Freude will, besänftige sein Blut;
Wer Wein verlangt, der keltre reife Trauben;
Wer Wunder hofft, der stärke seinen Glauben.(5050-5056)

1.3. 옆방이 딸린 넓은 홀

이 장면은 가장무도회를 위해서 장식되어 있다. 괴테는 이 장면을 로마의 카니발을 상상하면서 썼는데, 사람들은 가면을 씀으로써 인생의 허무함을 폭로하게 된다. 가장무도회는 삶에 대한 알레고리이다.

여자 정원사들

여성들은 타고난 천성이
예술과 무척 가깝다.

Gärtnerinnen.

Denn das Naturell der Frauen
Ist so nah mit Kunst verwandt.(5106-5107)

장미꽃 봉오리

약속을 하고 약속을 지키는 것은
꽃들의 나라에선 눈길과 감각과 마음을
지배하는 것과 같아요.

ROSENKNOSPEN.

Das Versprechen, das Gewähren
Das beherrscht in Florens Reich
Blick und Sinn und Herz zugleich.(5155-5157)

우미의 여신들이 나타난다.

아글라이아

우리는 삶을 우아하게 만들고,
선물할 때에도 우아함이 들어 있어야 한다.

AGLAIA.

Anmut bringen wir ins Leben;
Leget Anmut in das Geben.(5299-5300)

헤게모네.

우아하게 받아라.

소원이 이뤄지면 기쁘다.

HEGEMONE. Leget Anmut ins Empfangen,
Lieblich ist's, den Wunsch erlangen.(5301-5302)

오이프로지네.

편안한 날들이 계속되면
무척 우아하게 감사하라.

EUPHROSYNE.

Und in stiller Tage Schranken
Höchst anmutig sei das Danken.(5303-5304)

라케시스(운명의 여신)

나는 분별력이 있어서
질서를 잘 유지합니다.
나의 물레는 항상 활기차게 돌아가지만
결코 급하게 서둘지 않습니다.

LACHESIS.

Mir, die ich allein verständig,
Blieb das Ordnen zugeteilt;

Meine Weife, stets lebendig,
Hat noch nie sich übereilt.(5333-5336)

메게라(복수의 여신)

최고의 행복을 걱정으로 망쳐 놓겠어요.
인간도 시간도 한결같지 않아요.

MEGÄRA.

Das schönste Glück durch Grille zu vergällen;
Der Mensch ist ungleich, ungleich sind die Stunden.(5371-5372)

희망

유쾌한 날엔 우리 뜻대로 할 수 있어요.
혼자서도 여럿이도 멋진 들판을 자유롭게 걸어요.
휴식이든 실행이든 걱정 없이 생활해 나가요.
어디서나 환영받는 사람이 되어 마음 편하게 살아요.
가장 좋은 삶을 어디에선가 확실히 찾을 수 있겠지요.

Hoffnung.

Werden wir in heitern Tagen
Ganz nach unserm eignen Willen
Bald gesellig, bald alleine

Frei durch schöne Fluren wandeln,
Nach Belieben ruhn und handeln
Und in sorgenfreiem Leben
Nie entbehren, stets erstreben;
Überall willkommne Gäste,
Treten wir getrost hinein :
Sicherlich, es muß das Beste
Irgendwo zu finden sein.(5430-5440)

마차를 모는 소년.

나는 시라는 재화를 기꺼이
베풀 때 완성되는 시인입니다.

KNABE LENKER.

Bin der Poet, der sich vollendet,
Wenn er sein eigenst Gut verschwendet.(5574-5575)

플루투스(마차를 모는 소년에게)

너는 힘든 일에서 벗어나 자유롭게 되었으니
이제 신나게 네가 있을 곳으로 가거라.
여긴 네가 있을 곳이 못된다. 여기엔 찌푸린 모습들이
뒤엉켜 터프하게 몰려온다.
네가 맑디맑은 세계를 제대로 들여다 볼 수 있는 곳,

네 것이면서 너만을 신뢰할 수 있는 곳,
아름답고 착한 것만이 마음에 드는 곳,
그런 고독의 세계로 가거라! 그 곳에서 너만의 세계를 만들어 내라.

PLUTUS zum Lenker.

Nun bist du los der allzulästigen Schwere,
Bist frei und frank, nun frisch zu deiner Sphäre!
Hier ist sie nicht! Verworren, scheckig, wild
Umdrängt uns hier ein fratzenhaft Gebild.
Nur wo du klar ins holde Klare schaust,
Dir angehörst und dir allein vertraust,
Dorthin, wo Schönes, Gutes nur gefällt,
Zur Einsamkeit!- Da schaffe deine Welt.(5689-5696)

의전관.

이것은 가장무도회 장난이어요.
오늘 밤 과욕을 내지 마세요.
금과 값나가는 물건을 주었다고 믿는가요?
허상이 진리로 둔갑하면 안 되고, 허황된 망상에
집착하면 안 됩니다.

HEROLD.

Es ist ja nur ein Maskenspaß.

Heut abend wird nicht mehr begehrt;
Glaubt ihr, man geb' euch Gold und Wert?
Ihr Täppischen! ein artiger Schein
Soll gleich die plumpe Wahrheit sein.
Was soll euch Wahrheit? Dumpfen Wahn
Packt ihr an allen Zipfeln an.(5728-5738)

숲의 신 사티로스

숲속의 숨통 트이는 공기를
호흡하면 살맛이 난다.
그는 맑고 자유로운 세계에서 살고 있다.

SATYR.

In Freiheitsluft erquickt alsdann.
Da ihm doch rein und ungestört
Die Welt dort oben allein gehört.(5834, 5838-5839)

가장무도회에서 지폐는 전혀 화폐가치가 없음에도 불구하고 부의 진리로 받아들여지고 있다. 가장무도회와 국가 줄거리에서 군중들이 가상을 진리로 간주하고 있음으로 인하여 그 두 줄거리 영역은 서로를 비추기도 하고 뒤섞기도 한다.

플루투스가 보물 상자를 열어젖히자 황금이 피처럼 끓어오른다(5712). 군중들은 돈 꾸러미와 금화들을 주워서 부자가 되고자 하며, 번개처럼 날렵하게 상자를 통째로 집어가자고 서로 절규한다(5715-5726). 이러한 군중들의 탐욕스런 작태들을 지켜보면서

의전관은 단호하게 훈계한다.

군중들은 축제적 유희를 긍정적 현실성으로 착각하여 그들이 갈망하였던 부귀가 정말 이루어진 것처럼 믿는다. 그러나 이와는 정반대로 긍정적 현실성의 영역에서 지폐분배는 다름 아닌 파우스트와 메피스토의 가장장난이자 "금화를 대신하는 지폐 허깨비"(6198)임이 입증되는 것이다.

이처럼 가장무도회 장면을 비롯한 제1막은 전체적으로 고찰해 볼 때 알레고리 개념으로 파악될 수 있다. 무너져 가는 봉건주의의 내부에서 한 사회의 전복이 해학적으로, 그리고 역사 예언적으로 선취되고 있는 것이다.

가장무도회는 몰락해가는 봉건주의적 시대가 꾸는 미래의 시민적·자본주의적 시대에 관한 꿈이다.

괴테에 의하면 알레고리는 현상을 어떤 한 개념으로 바꾸어서 그 개념을 또다시 어떤 이미지로 변형시키지만 그 개념은 이미지 속에서 항상 한정된 채로 완전하게 남아있다. 알레고리는 기호와 그 지시대상의 궁극적 불일치에도 불구하고 완전히 표현될 수 없는 궁극적인 것을 제한된 형상에 고착시키려는 자의적 예술양식이다. 이런 점에서 괴테는 알레고리를 부정적으로 평가한다. 괴테가 알레고리라는 예술양식을 부정적으로 보고 있음에도 불구하고『파우스트』2부에서 빈번히 도입하고 있는 것은 괴테 시대의 제반 상황과 근대사회 및 앞으로 몰아닥칠 미래사회의 병폐를 서술하는 데에는 알레고리가 제격이기 때문일 것이다.

제1막에서 부의 근대 시민적 모델은 중상주의적 경제국가의 체제 하에서는 비생산적인 것으로 머물 수밖에 없으며, 근대국가의 과제는 독립적인 경제주체들에게 행위의 틀을 제공하는 것이고, 봉건적 의존성으로부터 시가 해방되어야 한다는 시대 비판적 주제성이 알레고리를 통해 극명하게 드러나 있다.

1.4. 유원지

파우스트.

엄청난 보물들이 황제의 영토 깊숙이 파묻혀 있는데
위대한 사상도 이런 부유함에 필적할 수 없습니다.
깊은 통찰력을 가진 사람들은 한계가 없는 것에
끝없는 신뢰를 갖고 있습니다.

FAUST.

Das Übermaß der Schätze, das, erstarrt,
In deinen Landen tief im Boden harrt,
Liegt ungenutzt. Der weiteste Gedanke
Ist solchen Reichtums kümmerlichste Schranke.
Doch fassen Geister, würdig, tief zu schauen,
Zum Grenzenlosen grenzenlos Vertrauen.(6111-6114, 6117-6118)

메피스토.

금과 진주를 대신하는 지폐는 무척 편리합니다.
이제부터 황제의 모든 영토엔
보석과 금과 지폐가 유통될 것입니다.

MEPHISTOPHELES

Ein solch Papier, an Gold und Perlen Statt,
Ist so bequem, man weiß doch, was man hat;
So bleibt von nun an allen Kaiserlanden
An Kleinod, Gold, Papier genug vorhanden.(6119-6120, 6129-6130)

황제.

국가가 크게 번창하고 있는 것은
그대들 두 사람 노고 덕분이다.
보물의 대가인 두 사람은 합심하여
지상과 지하의 세계가 융합된
행복한 국가를 건설하도록 하라.

KAISER.

Das hohe Wohl verdankt euch unser Reich.
Vereint euch nun, ihr Meister unsres Schatzes,
Erfüllt mit Lust die Würden eures Platzes,
Wo mit der obern sich die Unterwelt,
In Einigkeit beglückt, zusammenstellt.(6131, 6137-6140)

'유원지' 장면은 지폐발행 문제를 다루고 있다. 괴테는 바이마르공국의 관료로서 그의 업무와 관련하여 국민경제도 열심히 연구했다. 그의 관직은 경제적, 사회적 연관성에 관한 해박한 지식을 요구했고 괴테는 경제적 문제들의 정치적 의미와 중요성을 간파하고 있었다.

재정 및 경제정책적인 변혁의 결과들을 그는 인류를 위한 도덕적이고 장기적 안목에서 신중하게 처리했다. 무역의 활성화, 화폐가치의 추락, 부채 변제를 위한 부채의 증가, 이 모든 것은 공포의 요소들이다. 갑자기 무역거래가 활발해지고, 인플레이션이 심화되고 부채에 부채가 늘어나는 경제난국에 괴테는 능동적으로 대처하고자 했다.

파우스트와 메피스토의 화폐발행은 마술적 행위이다. 무가치한 재료를 금으로 변형시키는 연금술적 시도는 새로운 시대의 재정정책의 경제학적인 유희의 장에서 계속되는 것이다.

파우스트 문학은 끊임없는 발전과 성장을 달성한 근대경제를 현혹적인 연금술의 과정으로 폭로한다. 위협적인 국가파산, 지폐의 기만적 부를 통한 위기의 증가, 시민적 힘들을 통한 암시된 구제 등이 제1막의 가장 중요한 경제적 모티브이다.

1.5. 어두운 복도

메피스토.

당신은 고독으로 갈피를 못 잡고 헤맬 것입니다.
황량과 고독의 의미를 이해하고 있는가요?

Von Einsamkeiten wirst umhergetrieben,
Hast du Begriff von öd' und Einsamkeit?(6226-6227)

파우스트.

지금까지 난 이 세상과 소통해 왔는데 무슨 말이냐?
공허를 배우고, 공허를 가르쳐 왔는데?
내가 직관한 것을 제대로 설명하면
모순의 울림이 두 배나 크게 울려 왔다.
번잡한 세상사를 피해
고독하고 황량한 곳으로 달려갔지만
완전히 고립된 채로 살고 싶지 않아서
결국 악마인 너와 결탁하고 말았다.

FAUST.

Mußt' ich nicht mit der Welt verkehren?
Das Leere lernen, Leeres lehren? –
Sprach ich vernünftig, wie ich's angeschaut,
Erklang der Widerspruch gedoppelt laut;
Mußt' ich sogar vor widerwärtigen Streichen
Zur Einsamkeit, zur Wildernis entweichen
Und, um nicht ganz versäumt, allein zu leben,
Mich doch zuletzt dem Teufel übergeben.(6231-6238)

메피스토.

영원히 공허한 먼 곳에선 당신은 아무 것도 볼 수 없고,
당신의 발걸음 소리도 못 듣고,
휴식할 만한 안정적인 장소도 못 찾을 것입니다.

MEPHISTOPHELES.

Nichts wirst du sehn in ewig leerer Ferne,
Den Schritt nicht hören, den du tust,
Nichts Festes finden, wo du ruhst.(6246-6248)

파우스트.

넌 나를 공허 속으로 보내서
예술과 힘을 강화하려는 의도겠지.
너의 무 안에서
모든 것을 밝혀내겠다.

FAUST.

Du sendest mich ins Leere,
Damit ich dort so Kunst als Kraft vermehre;
Nur immer zu! wir wollen es ergründen,
In deinem Nichts hoff' ich das All zu finden.
(6251-6252, 6255-6256)

난 굳어버린 것 속에서 행복을 바라지 않는다.
경탄이야말로 인간의 최고 감정이다.
세상사로 이 감정을 느끼기 어렵지만
경탄할 수 있어야 거대한 것을 깊이 느낄 수 있다.

Doch im Erstarren such' ich nicht mein Heil,
Das Schaudern ist der Menschheit bestes Teil;

Wie auch die Welt ihm das Gefühl verteure,
Ergriffen, fühlt er tief das Ungeheure.(6271-6274)

메피스토.

이미 있는 것에서 벗어나
형상에 얽매이지 않는 나라로 가세요!
형상과 변형이 끝없이
일어나는 즐거움입니다.

MEPH.

Entfliehe dem Entstandnen
In der Gebilde losgebundne Reiche!
Gestaltung, Umgestaltung,
Des ewigen Sinnes ewige Unterhaltung.(6276-6277, 6287-6288)

1.6. 기사의 방

천문박사.

이성은 마법의 말로 제어하고,
찬란하고 대담한 상상을
자유롭게 펼치세요.

ASTROLOG.

Durch magisch Wort sei die Vernunft gebunden;

Dagegen weit heran bewege frei
Sich herrliche verwegne Phantasei.(6416-6418)

파우스트.

내 모든 힘의 감동, 열정의 진수,
애착, 사랑, 흠모를
당신에게 바칩니다.

FAUST.

Du bist's, der ich die Regung aller Kraft,
Den Inbegriff der Leidenschaft,
Dir Neigung, Lieb', Anbetung, Wahnsinn zolle.(6498-6500)

파우스트가 헬레나에게 던지는 대사이다.

2. 제2막

2.1. 높고 둥근 천장의 고딕식 방

메피스토.

때가 이르러야 심은 것을 거둘 수 있다.

Man säe nur, man erntet mit der Zeit.(6605)

학사.

인간의 생명은 핏속에서 살고 있는데,
누가 청춘만큼 피가 끓겠습니까?
그것은 신선한 힘 속에서 생동하는 피며,
새로운 생명을 만들어 냅니다.
모든 것이 요동치고, 뭔가 행해집니다.
나약한 것은 사라지고, 유능해 집니다.
늙음이란 차가운 열병이요, 망상적인 위기로
오한을 가져온다.

BACCALAUREUS.

Des Menschen Leben lebt im Blut, und wo
Bewegt das Blut sich wie im Jüngling so?
Das ist lebendig Blut in frischer Kraft,
Das neues Leben sich aus Leben schafft.
Da regt sich alles, da wird was getan,
Das Schwache fällt, das Tüchtige tritt heran.
Gewiß! das Alter ist ein kaltes Fieber
Im Frost von grillenhafter Not.(6776-6781, 6785-6786)

나 아니면 누가 고루한 사상의 틀에서
그대들을 벗어나게 했는가?
나는 자유롭고 즐겁게 내면적인 빛을 따릅니다.
내 앞엔 밝음이, 내 뒤엔 어둠이 있고,
황홀하게 재빨리 걸어갑니다.

Wer, außer mir, entband euch aller Schranken
Philisterhaft einklemmender Gedanken?
Ich aber frei, wie mir's im Geiste spricht,
Verfolge froh mein innerliches Licht,
Und wandle rasch, im eigensten Entzücken,
Das Helle vor mir, Finsternis im Rücken.(6801-6806)

2.2. 실험실

바그너.

위대한 의도는 처음엔 미친 것으로 보입니다.

Ein großer Vorsatz scheint im Anfang toll;(6867)

제2막 '고전적 발푸르기스의 밤' 장면

마녀 에리히토.

자신의 마음을 다스릴 줄 모르는 사람은
다른 사람들의 의지를
그의 오만에 따라 통제하려고 해요.

Denn jeder, der sein innres Selbst
Nicht zu regieren weiß, regierte gar zu gern
Des Nachbars Willen, eignem stolzem Sinn gemäß.(7015-7017)

파우스트.

형상이 위대하면 기억들도 위대하다.

Gestalten groß, groß die Erinnerungen.(7190)

히론.

칭찬할 만한 아름다움은
즐겁게 인생을 살아갈 때 솟아납니다.
아름다움은 기쁨에 가득 찬 것이고,
우아한 아름다움은 아무도 거부할 수 없다.

CHIRON.

Nur solch ein Wesen kann ich preisen,
Das froh und lebenslustig quillt.
Die Schöne bleibt sich selber selig;
Die Anmut macht unwiderstehlich.(7401-7404)

시인은 시간에 구애받지 않는다.

Gnug, den Poeten bindet keine Zeit.(7433)

파우스트.

그녀를 얻지 못하면 난 살아갈 수 없다.

Ich lebe nicht, kann ich sie nicht erlangen.(7445)

만토.

불가능한 것을 간절히 바라는 사람을 난 사랑한다.

MANTO. Den lieb' ich, der Unmögliches begehrt.(7488)

호문쿨루스.

난 가장 좋은 의미로 생겨나고 싶어
이곳저곳을 떠돌아다닌다.

HOMUNCULUS.

Ich schwebe so von Stell' zu Stelle
Und möchte gern im besten Sinn entstehn.(7830-7831)

메피스토.

헤매지 않고는 깨달음에 이르지 못하고,
스스로의 힘으로 생겨 나와라!

MEPHISTOPHELES.

Wenn du nicht irrst, kommst du nicht zu Verstand.
Willst du entstehn, entsteh auf eigne Hand! (7830-7848)

2.3. 고전적 발푸르기스의 밤

이 장면은 다섯 개의 장면들로 세분되며 총 1483행으로 가히 드라마 속의 드라마라고 말할 수 있다. 제1부의 '발푸르기스의 밤'이 북방적, 낭만적이라면 제2부의 그것은 남방적, 고전적이다.

우리의 관심을 끄는 것은 '고전적 발푸르기스 밤'에 참여하는 모든 형상들이 "반쪽"이라는 사실이다. 본래 반쪽존재인 그라이페, 스핑크스, 지레네, 히론 뿐만 아니라 순수한 정신인 호문쿨루스도 그가 육체를 갈망한다는 점에서, 파우스트는 그의 다른 반쪽인 헬레나를 찾고 있다는 점에서 반쪽존재이다.

더 나아가 포르퀴아스로 변신한 메피스토는 남성 악마(혼돈의 아들)이자 백발의 노파(혼돈의 딸)이기에 반양반음 또는 자웅동체라고 볼 수 있다. 이는 뚜렷한 모순에도 불구하고 서로 얽히고설킨, 그리고 합일되는 여러 특성들의 내적인 연관성을 깊이 있고 진지하게 숙고했던 괴테에게는 너무나 당연한 것이다.

이 장면에서는 화산에 의한 커다란 지진이 일어나는데, 이것은 모든 반란, 전쟁, 당파싸움을 상징한다. 이러한 정치적 불안들은 창조적인 발전을 파괴하는 것이므로 극복되어야 하는 것이다. 지진 때문에 신비스런 금덩어리는 내동댕이쳐지는데 그 금덩어리를 놓고 난쟁이들과 두루미들, 다시 말하면 민주주의자들과 귀족 정치주의자들 사이에 격렬한 당파싸움이 벌어진다. 괴테에게는 이런 당파싸움은 역사 속에서 항상 반복되는 근원현상인 것이다.

3. 제3막

3.1. 성 안뜰

'성 안뜰' 장면에서 헬레나는 파우스트의 말을 받아 운에 맞추어 완성하기도 한다. (9377-84)

고대미의 화신인 헬레나가 음향 속에서 게르만 세계와 융합되고, 파우스트의 언어는 그녀로부터 고대적 요소를 받아들인다. 각운의 음향 상징성을 통하여 고대 그리스와 중세 독일, 고전적인 것과 낭만적인 것의 결합이 이루어진 셈이다. 파우스트와 헬레나의 만남 속에서 독일과 그리스라는 두 민족이 그 극단적 대립구조에도 불구하고 바로 그 양극성에 근거하여 상호 불가분하게 결합되고 소속되며, 그들의 만남에 의해 괴테적인 의미에서 승화를 이룩하고 보다 차원 높은 단일성을 얻게 된다.

헬레나.

어떻게 하면 나도 당신처럼 아름답게 발할 수 있나요?

파우스트.

아주 쉬어요, 진심이면 되지요.
마음에 동경이 가득하면
둘러보며 물어요 —

헬 레 나. 누가 함께 즐길 거냐고.
파우스트. 이제 마음은 과거나 미래를 생각하지 않고,
현재만이 —

헬 레 나. 우리의 행복이다.

HELENA. So sage denn, wie sprech' ich auch so schön?
FAUST. Das ist gar leicht, es muß von Herzen gehn.
Und wenn die Brust von Sehnsucht überfließt,
Man sieht sich um und fragt —
HELENA. wer mitgenießt.
FAUST. Nun schaut der Geist nicht vorwärts, nicht zurück,
Die Gegenwart allein —
HELENA. ist unser Glück.(9377-9382)

파우스트.

운명에 대해 너무 많이 파고들지 마세요.
현재 살아가는 것은 순간이지만 의무이기도 합니다.

FAUST.

Durchgrüble nicht das einzigste Geschick!
Dasein ist Pflicht, und wär's ein Augenblick. (9411-9418)

3.2. 그늘진 숲

합창.

햇빛이 사라져도 문제없다.
우리들의 마음에 날이 밝으면

이 세상에 없는 것도
마음속에서 찾을 수 있다.

Laß der Sonne Glanz verschwinden,
Wenn es in der Seele tagt,
Wir im eignen Herzen finden,
Was die ganze Welt versagt. (9691-9694)

헬레나.

고상한 두 사람이
서로 사랑하면 행복하고,
소중한 세 사람은
신적인 기쁨이다.

Helena.

Liebe, menschlich zu beglücken,
Nähert sie ein edles Zwei,
Doch zu göttlichem Entzücken
Bildet sie ein köstlich Drei. (9699-9702)

파우스트.

모든 것이 마련되어 있어요.
나는 당신 것, 당신은 내 것,
우리 서로 연분을 맺었으니
마음이 변하면 안 됩니다!

FAUST.

Alles ist sodann gefunden:
Ich bin dein, und du bist mein;
Und so stehen wir verbunden,
Dürft' es doch nicht anders sein! (9699-9706)

오이포리온.

강한 사람, 자유로운 사람,
용기 있는 사람들과 함께
어울려 마음속에서 이미 실행했어요.
이제 출발하자!
저곳엔 명예로운 길이 열려 있다.

EUPHORION.

Gesellt zu Starken, Freien, Kühnen,
Hat er im Geiste schon getan.
Nun fort!
Nun dort
Eröffnet sich zum Ruhm die Bahn. (9872-9875)

헬레나와 파우스트.

기쁨이 있으면 무서운 고통도 뒤따르는 구나.

HELENA UND FAUST.

Der Freude folgt sogleich
Grimmige Pein. (9903-9904)

4. 제4막

4.1. 고산지대

파우스트.

이 세상엔 아직도 해내야 할
위대한 일들이 많아요.
놀랄만한 업적을 이뤄야 해요.
용기와 근면으로 해낼 수 있는 힘을 느낀다.

FAUST.

Dieser Erdenkreis
Gewährt noch Raum zu großen Taten.
Erstaunenswürdiges soll geraten,
Ich fühle Kraft zu kühnem Fleiß.(10181-10184)

지배권과 소유권을 얻고 싶다!
행위가 전부이고, 명예는 허무다.

FAUST.

Herrschaft gewinn' ich, Eigentum!
Die Tat ist alles, nichts der Ruhm. (10181-10188)

파우스트와 메피스토는 이전에 벌어졌던 시민전쟁에서 황제 반역파를 격파했다. 메피스토의 계획에 따르면 안정된 구질서는 토지를 획득하려는 파우스트의 프로젝트에는 더없이 좋은 틀이다. 전쟁에 협력한 대가로 그는 기사가 될 것이고 해안지대의 땅을 봉토로 받게 될 것이다.

5. 제5막

5.1. 궁전

파우스트.

눈앞에 펼쳐진 내 영토는 한없이 넓은데,
불쾌감이 등 뒤에서 밀려오고,
못마땅한 종소리로 내 멋진 영토가
온전하지 않다는 생각이 든다.
보리수 언덕과 갈색 오두막,
낡은 교회가 내 것이 아니다.
거기서 휴양하려고 해도
이상한 그늘 때문에 소름이 끼친다.
그것들이 내 눈과 발바닥에 가시이어서,
오, 난 여기서 멀리 떠나고 싶다!

FAUST

Vor Augen ist mein Reich unendlich,
Im Rücken neckt mich der Verdruß,
Erinnert mich durch neidische Laute:
Mein Hochbesitz, er ist nicht rein,
Der Lindenraum, die braune Baute,
Das morsche Kirchlein ist nicht mein.
Und wünscht' ich, dort mich zu erholen,
Vor fremdem Schatten schaudert mir,
Ist Dorn den Augen, Dorn den Sohlen;
O! wär' ich weit hinweg von hier! (11153-11162)

메피스토.

힘이 있으면 정의도 따라온다.
무엇을 갖느냐가 중요하지, 어떻게는 알 필요가 없다.

MEPHISTOPHELES.

Man hat Gewalt, so hat man Recht.
Man fragt ums Was, und nicht ums Wie. (11184-11185)

파우스트.

저 언덕위에 거주하는 노인들을 이주시키고
보리수나무 아래 내가 앉아 있고 싶다.

내 것이 아닌 몇 그루 나무들이
세상을 소유한 나에게 거슬린다.
주변을 둘러볼 수 있도록
나무들 위에 받침대를 설치하면 좋겠다.
시야를 멀리까지 터지게 해서
내가 실행한 모든 것을 보고 싶다.
현명한 뜻으로 국민들을 위해
넓은 정착지를 개간해 준
인간 정신의 명품을
한 눈에 둘러보고 싶다.
부유함 속에서도 결핍을 느끼는 것은
무척 참기 어려운 인간의 고통이다.

FAUST.

Die Alten droben sollten weichen,
Die Linden wünscht' ich mir zum Sitz,
Die wenig Bäume, nicht mein eigen,
Verderben mir den Weltbesitz.
Dort wollt' ich, weit umherzuschauen
Von Ast zu Ast Gerüste bauen,
Dem Blick eröffnen weite Bahn,
Zu sehn, was alles ich getan,
Zu überschaun mit einem Blick
Des Menschengeistes Meisterstück,
Betätigend mit klugem Sinn
Der Völker breiten Wohngewinn.

So sind am härtsten wir gequält,
Im Reichtum fühlend, was uns fehlt. (11239-11252)

메피스토.

인생이란 나무들 사이에서 땡땡 울리는 종소리처럼
실종된 꿈과 같은 것이다.

MEPHISTOPHELES.

Als wäre zwischen Bim und Baum
Das Leben ein verschollner Traum. (11267-11268)

저항과 고집은
대단한 성취도 위축시키고,
고통이 너무 깊으면
피곤해서 올바르게 살기 힘들다.

FAUST.

Das Widerstehn, der Eigensinn
Verkümmern herrlichsten Gewinn,
Daß man, zu tiefer, grimmiger Pein,
Ermüden muß, gerecht zu sein. (11269-11272)

5.2. 한밤중

파우스트.

나는 오직 한길로 이 세상을 달려왔다.
온갖 욕망에 사로잡혀 있었지만
만족 못한 것은 놓아 버렸다.
나는 간절히 바라면서 완성했다.
나는 폭풍처럼 힘차게
내 삶을 살아 왔다.
처음엔 위대하고 강렬하게,
지금은 지혜롭고 깊이 생각하면서 실행한다.
만족하는 순간이 없는 사람의 앞길에는
고통과 행복이 동행한다!

FAUST.

Ich bin nur durch die Welt gerannt;
Ein jed' Gelüst ergriff ich bei den Haaren,
Was nicht genügte, ließ ich fahren,
Ich habe nur begehrt und nur vollbracht
Und abermals gewünscht und so mit Macht
Mein Leben durchgestürmt; erst groß und mächtig,
Nun aber geht es weise, geht bedächtig.
Im Weiterschreiten find' er Qual und Glück,
Er, unbefriedigt jeden Augenblick!(11433-11440, 11451-11452)

제5막의 전반부는 노부부 필레몬과 바우치스, 파우스트와 메피스토, 이 두 집단 간의 대립과 갈등 양상이 전면에 등장하고 있다. 자연과 과학기술, 보수와 진보, 신화와 계몽에 관한 중요한 성찰을 제시한다. 신화 시대와 기술 시대, 평화로운 옛날 세계와 평화롭지 않은 진보적인 새로운 세계가 격렬한 대결을 이루다 결국 신화시대를 대변하는 필레몬과 바우치스, 나그네, 교회당, 보리수 숲이 소실되고, 그 대신 인간에 의한 자연정복 내지는 자연지배라는 계몽시대가 완성되는 과정이 서술되고 있다.[10]

노부부가 안락하게 살고 있는 오두막집 근처의 모래 언덕에서 울려 퍼지는 교회 종소리는 파우스트에게는 저주스럽고, 음흉한 화살처럼 느끼며, 너무나 심한 상처를 준다. 그의 영토가 완전하지 못하다고 생각하여 보리수 언덕, 갈색의 오두막, 교회당까지도 파괴하고, 노부부를 몰아내어 마침내 넓은 복지의 땅을 마련해 준 인간정신의 걸작을 파우스트는 향유하고자 한다(11151-11250).

파우스트는 메피스토와 협력하여 노부부를 매립지로 강제이주 시키려고 하나, 그들은 전원적이고 목가적인 자신들의 보금자리를 떠나려하지 않는다. 하지만 결국 그들은 화염의 희생물이 되고 만다. 메피스토는 "전쟁과 무역과 해적질은/ 서로 불가분의 삼위 일체"(11187-11188)라고 역설하고 있다. 여기서 우리는 근대정신에 대한 괴테의 강도 높은 비판의식을 엿볼 수 있는 것이다. 파우스트는 미래의 망상을 위해 현재를 희생시킨다. 이것은 다가오는 시대의 모든 사회유토피아와 독재적인 체계들의 예언적 조소이다(11552 이하). 멈추게 할 수 없는 기술은 피흘리는 마술로 나타난다(11127 이하). 새로 획득된 땅은 경제적, 기술적

10) 김용민: 생태학적 관점에서 본 "파우스트 2부", 독일언어문학 13집, 2000, 123쪽.

시설과 화원의 낯 설은 혼합을 규정한다.

제5막에서는 인간에 의해 구상되고 만들어진 유토피아라는 미명 하에 그 속에서 모든 것이 통제되는 하나의 새로운 세계위협이 제시된다. 파우스트의 프로젝트는 하나의 세계위기에 대한 교만한 반작용이다. 성장한 것을 파괴한 파우스트는 효용성과 목적 만능주의를 입증하는 것이다.

메피스토적 합리성은 하버마스의 “계산적 오성”, 아도르노와 호르크하이머의 “목적 만능주의”라는 사유형태와 본질적 성격에서 일치한다. 메피스토가 지닌 합리성은 현실적 목적 달성을 위한 가장 좋은 수단을 계산해 내는데 사용될 뿐이지 그 목적과 수단의 도덕성이나 정당성은 전혀 고려의 대상이 아니다. 이 합리성은 모든 초월적 질서나 도덕적 제약, 종교적 계율을 거부하기 때문에 타산적일 수밖에 없으며, 필연적으로 현실적 이해관계 위주의 강한 유용론적 성격을 띠게 되는 것이다. 이러한 근대적 인간의 오만과 공리주의적 사고의 문제성이 ‘궁전의 넓은 앞마당’ 장면의 파우스트의 마지막 독백에서 여실히 드러나고 있다.[11)]

5.3. 궁전의 넓은 앞마당

파우스트

지혜의 궁극적 결론은
날마다 치열하게 실행하는 사람만이

11) 김수용: “파우스트”에 나타난 악의 본성, 독일언어문학, 12집, 1999, 162-163쪽.

자유와 인생을 향유할 수 있다는 것이다.
위험이 있어도 여기에선 모두들
한창 잘 나가는 시절을 보낼 수 있다.
나는 자유로운 땅에서 자유로운 사람들과 살고 싶다.
그러면 순간을 향해
'멈추어라, 넌 정말 아름답구나!'라고 말할 수도 있겠지.
내가 이 세상에 남겨놓은 업적은
오래도록 남아 있을 것이다.
이런 고상한 행복을 예감하면서
지금 최고의 순간을 향유하고 있다.

FAUST.

Das ist der Weisheit letzter Schluß:
Nur der verdient sich Freiheit wie das Leben,
Der täglich sie erobern muß.
Und so verbringt, umrungen von Gefahr,
Hier Kindheit, Mann und Greis sein tüchtig Jahr.
Solch ein Gewimmel möcht' ich sehn,
Auf freiem Grund mit freiem Volke stehn.
Zum Augenblicke dürft' ich sagen:
Verweile doch, du bist so schön!
Es kann die Spur von meinen Erdetagen
Nicht in Äonen untergehn. -
Im Vorgefühl von solchem hohen Glück
Genieß' ich jetzt den höchsten Augenblick.(11574-11586)

파우스트의 마지막 모놀로그에 있어서 그의 유토피아적 비전에 대해서는 긍정적 시각과 부정적 시각이 엇갈리고 있다. 여기서는 파우스트의 비전을 부정적 관점에서 고찰하기로 한다.

이 모놀로그에서 우리는 생시몽주의와의 연관성과 그것에 내재된 공리주의적 문제점을 찾아 볼 수 있다. 생시몽주의는 프랑스 사상가 생시몽의 인간 해방 사상을 이어받아 완성, 실천한 사회개혁 사상으로 19세기 전반 시대정신의 하나이다.

노년의 괴테는 생시몽주의를 연구한 것은 사실이지만 생산력의 발전이 곧 역사의 진보라는 생시몽주의자들의 주장에는 허구성과 특이한 종교적 분파성이 내포되어 있다고 판단하여 비판적 거리를 유지하였다.

인간에 의한 인간의 지배도 문제이지만 인간에 의한 자연의 지배는 더욱 심각한 파국을 몰고 올 수 있는 것이다. 파우스트의 간척사업, 날마다 싸워서 얻는 자유와 생명, 자유로운 땅에서 자유로운 백성들과 함께 살고 싶다는 유토피아적 비전도 파우스트의 에고이즘에서 비롯된 공리주의적 사고의 결과로 해석해 볼 수 있다.

파우스트의 마지막 독백을 통해서 괴테는 폭력적 혁명을 배제하는 진보적인 시민 사회를 특징짓고 있으며, 지금까지 파우스트가 이룩한 높은 경제적 생산성도 사람들을 어떤 한 귀족의 종들로 전락시키지 않는 전제조건 아래에서 가능하다는 점을 부각시킨다.

괴테가 "자유로운 땅과 자유로운 백성"(11580)이라는 말을 파우스트의 마지막 독백에 삽입해 놓은 것은 미국 독립선언, 프랑스 혁명, 프로이센의 농노제도 폐지시기에 살았던 그의 독자들의 의식을 고취하려는 의도에서였다.

괴테는 악 자체, 모든 전쟁, 혁명, 당파싸움의 근원을 규명하려고 노력했다. 그는 이 지구상의 모든 위험들을 매우 현실적으로 관찰했다.

오늘날 우리는 위험으로 가득 찬 세계에 살고 있다. 현대인의 삶은 '문명의 화산위에서 살아가기'이다. 현대사회에서 부의 사회적 생산에는 반드시 위험의 사회적 생산이 뒤따르기 때문에 우리 인간에게 안락과 편리함을 가져다 준 물질문명이란 언제 폭발할지 모르는 위험이 잠재된 화산과 같다.[12] 파우스트 2부에 있어서 풍자, 알레고리, 상징을 통하여 괴테는 현대 위험사회의 병리학적 여러 징후들을 시대를 앞서가는 예언자적 혜안으로 직시하였고, 이를 엄중 경고하고 있는 것이다.

모든 파국, 지구촌의 위험, 문명의 위험, 물신주의, 이기주의 등은 인간이 지성적인 것을 탐하여 신적인 것, 즉 진정한 자아의 추구를 단념하였기 때문에 생겨난 것이다.

그러나 모든 악과 불행은 인간이 높고 높은 현존재를 향하여 부단히 정진한다면 또다시 선, 이상, 신성으로 회복될 수 있다. 파우스트문학 전체를 통하여 볼 때 파우스트 인물은 극기자로서 혹은 자기완성자로서 나타나 있다.

주인공 파우스트는 특히 마지막 '심산유곡' 장면에서 끊임없이 내적변화를 체험한다. 파우스트라는 형상은 역동적이고, 생성, 소멸을 거듭하는 존재이다.

신부, 마리아 숭배 박사, 천사들의 언어에서 사후에까지도 지

12) U. Beck: Risikogesellschaft. Frankfurt a.M., 1986, 23쪽.

속되는 무한한 정화, 성숙, 완성의 과정이 제시되고 있다.

괴테는 죽음의 공포로부터 벗어날 수 있다고 강조하면서 우리의 정신은 파괴될 수 없는 본성을 지니고 있으며 영원에서 영원으로 계속 작용하는 본질이라는 것이다. 그러나 영속적 존재란 저절로 생기는 것이 아니다. 인간은 죽지 않는 것은 아니지만 극기의 힘과 실천적 행위를 통하여 불멸성을 획득할 수 있다. 영속적 존재에 대한 확신은 행위의 개념으로부터 생겨난다는 것이 괴테의 신념이다.

아리스토텔레스는 엔텔레키 Entelechie 개념을 완성의 상태 내에 처해 있는 것이라고 불렀다. 괴테는 첼터 Zelter에게 쓴 편지에서 엔텔레키적인 개체는 부단한 행위 속에서만 유지되는 것임에 틀림없다고 역설하고, 엑커만에게 보낸 글에서도 자연은 엔텔레키 없이는 존속할 수 없으므로 우리의 영속적 존재를 확신한다고 주장했다.[13)]

5.4. 매장

'매장' 장면에서 파우스트의 영혼을 놓고 메피스토와 천사들 사이에 격전이 벌어진다. 천사들이 부드러운 노래를 부르면서 장미꽃을 부리면 그것이 불꽃이 되어 악마들을 태워 지옥에 떨어지게 한다. 장미꽃은 천상적 사랑과 신적인 빛에 대한 상징이다. 괴테 문학에서 장미는 더없이 아름다운 것, 완전성에 대한 상징이다. 그래서 천사들은 파우스트의 불멸의 영혼을 악마들로부터 빼

13) Eckermann: Gespräch mit Goethe vom 2. Mai 1824, 4. Feb. 1829.

앗아 승천하는 것이다. 자색에서 괴테는 색깔의 상징적 힘을 보았다. 적색은 장엄의 색이자 최고에 달한 승화의 표현이다. 『파우스트』에서 뿐만 아니라 다른 많은 시작품들에서도 장미꽃이 자주 등장하는 것은 바로 이런 이유에서이다.

메피스토.

지나갔다는 것은 아무 것도 없다는 것이다!
영원한 창조란 무슨 의미가 있는가!
창조된 것은 허무한 것이 된다!
나는 영원한 공허를 사랑한다.

Mephisto.

Vorbei und reines Nicht, vollkommnes Einerlei!
Was soll uns denn das ew'ge Schaffen!
Geschaffenes zu nichts hinwegzuraffen!
Ich liebte mir dafür das Ewig-Leere. (11597-11599, 11603)

5.5. 심산유곡

이 장면에서는 구원의 문제가 중심점에 서 있다. 구원이란 자유롭게 하는 것, 엔텔레기가 지상적인 것, 경직된 것, 어두운 것, 메피스토적인 것으로부터 분리되는 것, 그리고 밝은 것, 정신적인 것, 신적인 것으로의 용해를 뜻한다.[14] 구원은 순수한 정신이

14) HA. Bd.3, 738쪽.

완성되는 것이고, 양극성을 통한 승화로 설명할 수 있다.

법열에 잠긴 교부는 치열한 자기부정과 자기희생을 통한 영혼의 정화와 자기완성을 갈망하는 이상적 인간상의 한 전형으로 볼 수 있다.

괴테는 이 장면에서 세 교부들을 등장시켜 정신적 완성과 상승의 순간을 세 가지 방식, 즉 법열적 방식, 명상적 방식 그리고 내면화하는 행동을 통해 표현하고 있다.

이 장면의 모든 인물들은 보다 높은 현실을 향한 비상을 목표로 하고, '신비의 합창'에서는 영원한 사랑의 작용방식인 분리, 결합, 변형, 상승, 다시 말하면 사랑의 변증법에 의해 모든 것을 합일시키는 총체성이 서술된다. 이러한 모든 현실의 총체성은 "영원히 여성적인 것"에 의해 완결될 수 있는 것이다.

방황하며 정진하고 행동하는 것, 그리고 폭력적인 것이 '영원히 남성적인 것'으로 서술되는 반면에, 자비롭고 구제하는 사랑은 12110 행에서 여성적 형식의 메타포에 의해 '영원히 여성적인 것'으로 나타난다.[15] 이는 어디까지나 괴테가 남성적인 것을 여성적인 것과 대비시키기 위한 서술기법이지 남성적인 것에 어떤 부정적 가치판단을 내리는 것은 결코 아니다.

괴테의 "이상적 여성성 Ideal-Weibliches"이라는 주장은 여성들의 형상 자체에 내재된 완전성을 일컫는 것으로, 지금까지 남성들 중심으로 이룩해 놓은 인류의 역사와 사회 발전 그리고 문명에 대한 괴테의 시대 비판적 성찰로 볼 수 있는데, 이는 혁명과 전쟁으로 점철된 격동기를 몸소 겪은 괴테로서는 당연한 발언

---

15) 안진태: 파우스트의 여성적 본질. 서울 1999, 113쪽 참조.

일 것이다.

근대 인간의 오만과 목적 만능주의에 의한 진보사상의 극단화, 인간에 의한 자연의 지배 등과 같은 시대 비판적 주제성을 제시한 괴테는 마지막 장면에서 시공을 초월해 통용될 수 있는 이상적 인간상을 부각시키는 것이다. 괴테는 그의 근본사상인 양극성과 상승 그리고 변형사상에 근거하여 인간은 끊임없는 분리와 통합, 형성과 변형을 거듭함으로써 이상적 자아를 실현시킬 수 있다고 본다.

『파우스트』 2부를 구상할 당시 괴테의 개요에 따르면 『파우스트』 2부의 기본골격은 "외부세계를 향한 행위의 희열"과 "의식을 통한 희열, 아름다움" 그리고 "내면으로부터의 창조의 희열"로 함축된다.[16]

『파우스트』 2부의 마지막 장면에서 파우스트의 구원도 끊임없이 지향하는 노력과 행위를 통해서 이루어진다(11936). 파우스트 작품 전체에서 볼 때 비록 주인공 파우스트가 때로는 어두운 충동 속에서 죄과를 범할지라도 그것은 어디까지나 인간의 본성에 내재된 동물적 성향의 일면으로 높고 높은 존재를 향한 실천적 행위가 부단히 이어진다면 그의 영혼은 불멸성을 획득할 수 있다. 작품전체의 대단원의 막을 내리는 이 장면에서는 사랑과 구원의 문제가 핵심이다.

열락에 잠긴 교부

영원한 기쁨의 갈증,

16) HA. Bd.3, 430쪽.

타오르는 사랑의 인연
끓어오르는 마음의 고통
솟아오르는 신적인 기쁨
정말 허무한 것
모두 날려버리고,
영원한 참사랑의 별이
계속해서 빛나게 하라. (11854-11857, 11862-11866)

PATER ECSTATICUS.

Ewiger Wonnerbrand,
Glühendes Liebeband,
Siedender Schmerz der Brust,
Schäumende Gotteslust.
Daß ja das Nichtige
Alles verflüchtige,
Glänze der Dauerstern,
Ewiger Liebe Kern.

천사들

(높은 공중에서 떠돌며, 파우스트의 불멸의 영혼을 옮기고 있다.)

영들 세계의 고상한 한 사람이
악으로부터 구제되었다.
항상 치열하게 노력하는 사람을
우리는 구원할 수 있다.
그에겐 하늘로부터

사랑이 베풀어졌으니,
구원받은 무리가 반갑게
그를 맞이할 것이다.

ENGEL (schwebend in der höhern Atmosphäre, Faustens Unsterbliches tragend.)

Gerettet ist das edle Glied
Der Geisterwelt vom Bösen,
Wer immer strebend sich bemüht,
Den können wir erlösen.
Und hat an ihm die Liebe gar
Von oben teilgenommen,
Begegnet ihm die selige Schar
Mit herzlichem Willkommen. (11934 11941)

"이 시행들에 파우스트의 구원에 대한 열쇠가 들어 있다. 파우스트의 내면에는 점점 더 높아가고 순수해지는 활동성이 끝까지 남아있고, 위로부터는 그를 도와주려는 영원한 사랑이 쏟아진다. 이것은 우리의 종교적인 관념과 완전히 일치하는 것으로, 우리는 혼자의 힘으로 뿐만 아니라 다가오는 신적인 은혜를 통해서도 구원받을 수 있다."[17]

신비스런 합창

덧없는 모든 것은

17) 괴테의 엑커만과의 대화, 1831. 6. 6.

그저 비유에 지나지 않고,
불충분하던 것이
여기서 충족된다.
서술할 수 없던 것이
여기서 표명되고,
영원한 여성적인 것이
우리를 이끌어 올린다.

CHORUS MYSTICUS.

Alles Vergängliche
Ist nur ein Gleichnis;
Das Unzulängliche,
Hier wird's Ereignis;
Das Unbeschreibliche,
Hier ist's getan;
Das Ewig-Weibliche
Zieht uns hinan. (12104-12111)

제2부의 마지막 '심산유곡' 장면을 신비극, 아이러니, 패러디, 카톨릭적 모티브 등 다양한 관점에서 고찰해 볼 수 있다.

괴테는 파우스트 1부와 2부의 차이점을 다음과 같이 밝힌다.

"제1부는 완전히 주관적인 것이나 다름없다. 모든 것이 보다 뭔가에 사로잡힌 보다 정열적인 개체로부터 생겨났다. 그러한 반쯤 어두운 것이 사람들에게 쾌감을 줄 수도 있다. 하지만 제2부에서는 주관적인 것이라고는 전혀 없다. 여기에는 보다 높고, 넓고, 밝고, 정열이 없는 세계가 나타나 있다. 따라서 무엇인가를 찾으려고 애쓰지 않고 체험하지 않은 사람은 이것을 어떻게 시작해야할지 아무것도 모를 것이다."[18]

18) 엑커만, 괴테와의 대화, 1831년 2. 17.

제3장

소설 『젊은 베르테르의 슬픔』

1774년에 출간된 괴테의 이 소설은 독일 슈투름운트드랑 시대(1770-1785)의 대표적인 명작이다. 베르테르가 친구에게 글을 써서 보내는 편지형식의 독특한 소설이다.

슈투름운트드랑은 계몽주의 문학(1720-1785, 65년 동안)의 경직된 형식과 이 시대의 여러 인습과 억압으로부터 벗어나려고 몸부림쳤던 독일 시민계급 출신의 청년들에 의해 주도되었다.

프랑스의 사상가 루소(자연으로 돌아가라!), 독일의 사상가 헤르더(시민들의 자연스런 감정을 현재의 삶에서도 느끼고 체험하는 것을 강조), 독일의 시인 클롭슈톡(열정, 우정, 사랑, 대자연의 장엄미에 대한 사람들의 환희에 찬 감정)의 영향을 많이 받았다. 슈투름운트드랑 시대의 외침은 감성(감정), 자연, 자유이다.

이 역동적인 문학운동은 청춘, 열린 사고, 소박하고 단순함, 느낌과 생동감을 중시하고, 여러 분야에서 귀족적 특성에 반감을 표출했다.

괴테, 실러와 같은 젊은 시인들에 의해 천재사상이 부각되었는데, 천재들은 활기차면서도 고요한 휴식을 즐기고, 영특하면서도 천진난만하다. 그들은 감성과 상상력이 탁월하고, 일이나 목표에 완전히 몰입하며, 외향성과 내향성을 동시에 갖고 있다. 괴테의 천재성은 자유로부터 비롯되고, 실러는 철학적 심오한 사유를 통해서 그의 천재성을 발현한다. 이들은 문학과 예술이야말로 사람들의 내면세계를 드높여 참신한 인물로 변화시켜 준다고 믿었다.

로테의 약혼자 알베르트는 인격과 교양을 갖춘 인물로 로테를 사랑하고, 성실, 침착, 믿음직하고, 안정된 직업이 있어서 로테는 평생 행복할 수 있다.

괴테는 알베르트를 계몽주의적인 이성중심의 인물로, 베르테르를 감성 충만한 슈투름운트드랑의 인물로 부각시킨다. 베르테르는 로테의 행복을 위해서라면 기꺼이 저 세상으로 떠날 수 있는, 말하자면 '사랑을 위해 살 수는 없지만 사랑을 위해 죽을 수 있는 사랑'을 감행하는 질풍노도와 같은 청년이다. 로테는 알베르트를 사랑하면서도 베르테르도 사랑한다. 로테는 헌신적인 모성애를 느끼게 해주는 인물이다. 어머니가 사망한 후 로테는 어린 동생들을 양육하고, 어린 동생들에게 빵을 나눠주는 장면은 유명하다.(1771년 6월 16일 편지).

주인공 베르테르는 슈투름운트드랑 시절의 청년, 괴테의 모습이다. 괴테는 이 소설을 집필하고 나서야 비로소 즐거움, 행복, 자유를 향유할 수 있었다.

이 소설의 주요 단락들을 주제별로 나눠서 우리들의 삶과 관련지어 해설해 본다.

1. 여행

"여행길에 오르니 난 정말 신난다!" (1771년 5월 4일)

Wie froh bin ich, daß ich weg bin![1)]

베르테르는 직장이나 남에게 예속되는 것을 싫어하는 성격이어서 일상적인 일들로부터 해방되고 싶어서 훌쩍 여행을 떠나 친구에게 글을 쓴다. 베르테르는 고독 속에서 진정한 행복을 맛보

1) Goethes Werke, HA. Bd.6, Hamburg 1968, 7쪽.

고 있다. 고독 속에서 모든 것이 하나가 된다(All-Einheit in der Alleinheit).

괴테의 서동시집에 이런 시가 나온다.

> 난 홀로 앉아 있다.
> 그 어디서 이보다 더 잘 살 수 있단 말인가?
> 내가 아끼는 포도주를 홀로 마신다. 아무도 나를 터치하지 않는다.
> 나만의 고상한 생각들이 떠오른다.
>
> Sitz' ich allein,
> Wo kann ich besser sein?
> Meinen Wein
> Trink' ich allein,
> Niemand setzt mir Schranken,
> Ich hab' so meine eignen Gedanken.[2)]

우리가 생활하다 보면 이런 저런 일들이 많아서 실을 떠나기가 쉽지 않다. 여행하는 이유나 목적은 다양하겠지만 '새로움, 변화, 전환, 도전, 취향, 행복, 휴식, 힐링, 깨달음, 자유' 등으로 정리해 볼 수 있다. 여행에 관한 명언들을 정리해 본다.

괴테 : 사람이 여행을 하는 것은 도착하기 위해서가 아니라 여행하기 위해서이다.

2) HA. Bd.2, 89쪽.

헤세 : 여행을 떠날 각오가 되어 있는 사람만이 속박으로부터 벗어날 수 있다.

파울로 코엘료 : 여행은 돈의 문제가 아니라 용기의 문제이다.

아우구스티누스 : 세계는 한 권의 책이다. 여행하지 않는 사람은 그 책의 한 페이지만 읽는 것이다.

대니얼 드레이크 : 여행은 모든 세대를 통틀어 가장 잘 알려진 예방약이고, 치료제이며, 회복제이다.

2. 현재, 여기, 행복

"난 현재를 향유하겠다. 이미 과거는 흘러갔으니까"(1771년 5월 4일)

Ich will das Gegenwärtige genießen,
und das Vergangene soll mir vergangen sein.[3)]

흔히 카르페 디엠 carpe diem이라는 라틴어를 많이 사용하는데, 이 말은 로마시인 호라티우스가 "미래가 무엇이든 간에 우리의 운명을 견디는 것이 훌륭한 것이다. 현명하게 살아라. 미래를 기대하면서 오늘을 붙잡아라."에서 유래한다. 지금, 현재, 오늘을 충실하게 살아가는 것이 지혜로운 삶의 태도이다.

"우리는 모든 것들을 우리들과 서로 비교하는 습성을 갖고 있어서 행복이나 불행도 우리들과 비교하는 대상들 속에 놓여있다." (1771년 10월 20일)

3) HA. Bd.6, 7쪽.

Gewiß, weil wir doch einmal so gemacht sind, daß wir alles mit uns und uns mit allem vergleichen, so liegt Glück oder Elend in den Gegenständen, womit wir uns zusammenhalten.[4)]

서로 다름과 차이를 인정하고 비교하지 말아야 행복하다.

"다른 사람들은 별 볼일 없는 능력과 재능을 갖고도 우쭐하며 돌아다니는데 나는 내 재능에 실망하고 있다니!" (1771년 10월 20일)

Was! da, wo andere mit ihrem bißchen Kraft und Talent vor mir in behaglicher Selbstgefälligkeit herumschwadronieren, verzweifle ich an mein Kraft, an meinen Gaben?[5)]

완벽주의에서 벗어나 최적주의를 즐겨라!

"우리를 행복하게 해주는 것이 때로는 불행의 원인이 될 수도 있는 것이 아닌가?" (1771년 8월 18일)

Mußte denn das so sein, daß das, was des Menschen Glückseligkeit macht, wieder die Quelle seines Elendes würde? (HA. Bd.6, 51쪽)

행복에 자만하면 안 된다.

4) HA. Bd.6, 60쪽.
5) HA. Bd.6, 60쪽.

“우리의 감성만이 행복을 가져다 줄 수 있다.” (1771년 8월 10일)

Ach so gewiß ist's, daß unser Herz allein sein Glück macht. (HA. Bd.6, 44쪽)

감성이 굳어 있으면 행복감을 느낄 수 없다.

“내세울 수 있는 내 마음은 능력, 행복, 불행 등과 같은 모든 것의 근원이다. 나의 감성은 유별나다.” (1772년 5월 9일)

Dies Herz, das doch mein einziger Stolz ist, das ganz allein die Quelle von allem ist, aller Kraft, aller Seligkeit und alles Elendes. Mein Herz habe ich allein.(HA. Bd.6, 74쪽)

현재 내 마음의 상태는 어떤가? ‘Happinessisnowhere’ 이 문장을 나는 어떻게 읽는가? 행복은 지금 여기에 있는가 아니면 행복은 어디에도 없는가? 행복하려면 평생 동안 활동을 해야 하는데, 직장, 직업, 소명의 개념을 알아야 할 것이다.

직장(일, job) : 돈을 버는데 초점
직업(career) : 승진, 발전, 더 좋은 지위, 더 많은 월급
소명(calling) : 일과 삶의 의미, 인간으로서의 성취감

위의 세 개를 포괄하는 것이 이상적인 삶이다.

긍정 심리학자 마틴 셀리그먼은 즐거움, 열정, 의미가 있어야 행복하고, 행복 전문가 바버라 프레드릭슨은 기쁨, 감사, 평온,

관심, 희망, 프라이드, 즐거움, 영감, 경외심, 사랑이 있어야 행복하다고 역설한다.

힘든 상황에서도 감사하는 마음의 태도는 행복을 향유하는데 필요하다.

> 괴테는 "나는 물이라곤 한 방울도 없는 황무지에서 방랑한다. 내 머리카락만이 그늘이며, 내 피가 샘물이다." 라고 친구에게 글을 보낸다.
>
> Ich wandre in Wüsten da kein Wasser ist, meine Haare sind mir Schatten und mein Blut mein Brunnen. Brief an Kestner (1773. 4.6.)

3. 자연

자연감정 Naturgefühl(자연과의 교감, 자연체험)이 베르테르에게는 무척 중요하다. 베르테르에게 자연은 외적 자연인 우주만물과 내적 자연인 인간의 본성을 포괄한다. 그의 감정, 욕망, 예감 등이 자연을 통해 서술된다. 자연은 무한한 삶을 제공하며, 자연 속에 베르테르가 뛰어들어 세속적 이성과 계산, 냉정한 평가의 오성을 벗어날 수 있다. 그는 분주하고 번잡한 사회생활에서 탈출하여 전원마을을 찾아 방랑과 산책을 즐긴다. 방랑과 산책은 스스로를 성찰해 삶의 지혜를 깨달을 수 있는 오늘날 디지털 시대에도 꼭 필요한 생활방식이다.

> "기막히게 좋은 이 마을에서 고독이 내 마음을 달래준다. 이 젊음의 계절은 놀라움으로 가득한 내 마음을 따뜻하게 해 준다. 나무와 덤불은 꽃다발 같다. 나는 풍뎅이처럼 향기로운 바다 속을 떠돌며 영양분을 찾을 수 있으면 좋겠다."(1771년 5월 4일)

> Die Einsamkeit ist meinem Herzen köstlicher Balsam in dieser paradiesischen Gegend, und diese Jahrszeit der Jugend wärmt mit aller Fülle mein oft schauderndes Herz. Jeder Baum, jede Hecke ist ein Strauß von Blüten, und man möchte zum Maienkäfer werden, um in dem Meer von Wohlgerüchen herumschweben, und alle seine Nahrung darin finden zu können.[6)]

눈부시게 찬란한 봄날에 자연정경과 내가 서로 스며든다면 얼마나 행복하겠는가!

> "왜 그런지 내 마음은 놀라울 정도로 유쾌한 기분이다. 감성이 묻어나는 달콤한 봄날 아침 같다. 나 같은 사람을 위해 만들어진 이 마을에서 혼자 삶을 향유하고 있다. 친구여, 난 정말 행복하다. 내가 고요하게 쉬고 있어서 내 예술은 정체되어 있지만."(1771년 5월 10일)

> "Eine wunderbare Heiterkeit hat meine ganze Seele eingenommen, gleich den süßen Frühlingsmorgen, die ich mit ganzem Herzen

---

6) HA. Bd.6, 8쪽.

genieße. Ich bin allein und freue mich meines Lebens in dieser Gegend, die für solche Seelen geschaffen ist wie die meine. Ich bin so glücklich, mein Bester, so ganz in dem Gefühle von ruhigem Dasein versunken, daß meine Kunst darunter leidet."[7)]

들길을 홀로 걸으며 야생화를 바라보면 마음이 고요해진다.

"운치 있는 계곡은 내 주위에서 김이 서려 있고, 햇빛은 내가 있는 숲속까지 안 들어온다. 내 눈에 띄는 흐르는 계곡물 가에 높이 자란 풀들을 만져 본다. 내 주위의 세계와 하늘은 연인의 모습처럼 내 마음속에서 쉬고 있다.(1771년 5월 10일)

"Wenn das liebe Tal um mich dampft, und die hohe Sonne an der Oberfläche der undurchdringlichen Finsternis meines Waldes ruht. Ich dann im hohen Grase am fallenden Bache liege, und näher and der Erde tausend mannigfaltige Gräschen mir merkwürdig werden. Die Welt um mich her und der Himmel ganz in meiner Seele ruhn wie die Gestalt einer Geliebten."[8)]

자연 속에서 인간의 병든 마음이 치유된다.

"나는 아침마다 해가 뜨면 나의 발하임으로 가서 그곳 주막집의 정원에서 달콤한 콩을 딴다."(1771년 6월 21일)

---

7) HA. Bd.6, 9쪽.
8) HA. Bd.6, 9쪽.

Wenn ich des Morgens mit Sonnenaufgange hinausgehe nach meinem Wahlheim und dort im Wirtsgarten mir meine Zuckererbsen selbst pflücke.(HA. Bd.6, 29쪽)

발하임이라는 전원마을은 오솔길, 정원, 나무들과 숲, 새소리, 광장, 주막집, 등 아늑한 정경이 풍부하고 포도주, 맥주, 커피 등을 마시며 책들을 읽을 수 도 있는 곳이다.

베르테르는 여기서 커피를 마시며 그를 치유해 주는 호머적인 문학 작품들을 탐독한다. 그의 마음이 밝고 기쁠 때는 호머적인 문학세계로, 어둡고 우울할 때는 오시안적인 문학세계로 침잠한다.

"자연만이 한없이 풍요롭고 대단한 예술가를 만들어 낸다. 모든 규칙들은 자연에 관한 참된 감정과 서술을 가로 막는다." (1771년 5월 26일)

Sie allein ist unendlich reich, und sie allein bildet den großen Künstler. Dagegen wird aber auch alle Regel das wahre Gefühl von Natur und den wahren Ausdruck derselben zerstören!(HA. Bd.6, 15쪽)

경직된 사고와 규칙들은 자유분방한 창작을 방해한다.

"나는 지금이 제일 행복하다. 작은 돌, 풀과 같은 미세한 자연의 모습에도 섬세한 정감을 느낀다." (1771년 7월 24일)

Noch nie war ich glücklicher, noch nie war meine Empfindung

an der Natur, bis auf Steinchen, aufs Gräschen herunter, voller und inniger.(HA. Bd.6, 40쪽)

마음이 열려있고 감성이 풍부하면 자연의 미물들과도 교감할 수 있다.

"가을이 찾아오니 내 마음과 주변이 온통 가을 분위기이다. 나도 마치 나뭇잎들처럼 누렇게 단풍들고 근처엔 낙엽들이 뒹군다." (1772년 9월 4일)

Wie die Natur sich zum Herbste neigt, wird es Herbst in mir und um mich her. Meine Blätter werden gelb, und schon sind die Blätter der benachbarten Bäume abgefallen.(HA. Bd.6, 76-77쪽)

가을날에 대한 단상을 내가 베르테르의 심경으로 묘사해 본다. 아, 가을이다. 어김없이 가을이다. 알곡들, 과일들, 포도주도 무르익어가는 알찬 결실의 계절이다. 이 가을에 우리들에겐 풍성한 마음결이 있는가 하면, 단풍잎들, 낙엽들이 바람결에 사르르 몸을 떨며 뒹구는 연약한 모습을 볼 때면 알 수 없는 우수가 우수수 떨어진다.

슬프다. 아프다. 지난여름엔 뜨거운 햇살도 견뎌냈던 나뭇잎들이 이젠 주저앉는다. 하루하루 일상을 마무리하기 버거운 삶의 무게를 우리는 등에 지고 다니는지도 모른다.

불안과 이리저리 헤맴, 낙엽들을 끌어안고 쓸쓸한 냄새를 맡으며, 가로수 길을 걸어 본다.

어느새 밤이다. 나를 반겨주는 책상 앞에 앉아 지난날들의 기억들을 나뭇잎들에 새겨 하나하나 유리병 속에 담아 본다. 가슴 시린 슬픔과 아픔, 하얀 밤의 외로움과 그리움을 담아 강물에 띄어 보내련다.

4. 인간관계

"이 마을의 서민층 사람들은 벌써 나를 알고 나를 좋아한다. 특히 어린이들이 나를 좋아한다." (1771년 5월 15일)

Die geringen Leute des Ortes kennen mich schon und lieben mich, besonders die Kinder.(HA. Bd.6, 10쪽)

"이 세상에서 어린이들이 내 마음에 가장 가깝다." (1771년 6월 29일)

Meinem Herzen sind die Kinder am nächsten auf der Erde. (HA. Bd.6, 30쪽)

동심으로 동요를 부르며 신나게 춤추는 사람이 바로 초인이다.

"나는 각양각색의 사람들과 인사를 나눴다. 나의 매력이 뭔지는 모르지만 사람들은 내게 무척 우호적이다."(1771년 5월 17일)

Ich habe allerlei Bekanntschaft gemacht. Ich weiß nicht, was ich Anzügliches für die Menschen haben muß; es mögen mich ihrer so viele und hängen sich an mich.(HA. Bd.6, 11쪽)

꾸밈없고 자연에 가까운 사람을 누구나 좋아한다.

"나는 다른 사람에게 얽매이는 것을 싫어한다." (1771년 7월 20일)

Ich liebe die Subordination nicht sehr.(HA. Bd.6, 40쪽)

사회생활에서 사람들과 부대끼면서도 자유로움을 느낄 수 있는 비법을 터득해야 한다.

"나의 기준으로 상대방을 평가하면 안 된다." (1771년 12월 24일)

Wie töricht man ist, andere nach sich zu berechnen.(HA. Bd.6, 63쪽)

주관적인 편견으로 타인을 비판해서는 안 된다.

"아, 사랑, 기쁨, 온정, 즐거움을 우리는 서로 주고받아야 한다. (1772년 10월 27일)

Ach die Liebe, Freude, Wärme und Wonne, die ich nicht hinzubringe, wird mir der andere nicht geben.(HA. Bd.6, 84쪽)

사랑을 주고받는 일은 휴머니즘 실현에 꼭 필요한 것이다.

"겉치레적인 의식에만 온갖 신경을 다 쓰고 식탁의 상석에 앉으려고 궁리하는 사람들은 도대체 어떤 인간들인가! 상석에 앉아 있다고 해서 리더의 역할을 하는 것은 아니다. 어떤 인물이 리더가 되는가? 남들보다 안목이 뛰어나고 남들의 능력과 열정

을 한데 모아 계획들을 실행해 낼 수 있는 사람이 바로 리더이다."(1772년 1월 8일)

Was das für Menschen sind, deren ganze Seele auf dem Zeremoniell ruht, deren Dichten und Trachten jahrelang dahin geht, wie sie um einen Stuhl weiter hinauf bei Tische sich einschieben wollen! Die Toren, die nicht sehen, daß es eigentlich auf den Platz gar nicht ankommt, und daß der, der den ersten hat, so selten die erste Rolle spielt! Und wer ist dann der Erste? Der, dünkt mich der die andern übersieht und so viel Gewalt oder List hat ihre Kräfte und Leidenschaften zu Ausführung seiner Plane anzuspannen.[9)]

자신을 낮추고 솔선수범하며, 남들에게 결핍되어 있는 것을 채워주는 능력을 길러 줄 수 있다면 그 사람은 리더이다.

"신분 높은 사람들은 서민들과 차가운 거리를 두는데, 가깝게 지내면 혹시 뭔가 잃어버릴 것 같아서 이다. 겉으론 겸손한 척 하면서 오히려 그들의 교만함을 가난한 사람들이 절감하게 하는 경박한 사람들도 있다. 나는 사람들이 평등하지 못하고, 또 평등해 질 수도 없다고 생각한다." (1771년 5월 15일)

Leute von einigem Stande werden sich immer in kalter Entfernung vom gemeinen Volke halten, als glaubten sie durch Annäherung zu verlieren; und dann gibt's Flüchtlinge und üble Spaßvögel,

9) HA. Bd.6, 64쪽.

die sich herabzulassen scheinen, um ihren Übermut dem armen Volke desto empfindlicher zu machen. Ich weiß wohl, daß wir nicht gleich sind, noch sein können.[10)]

평등의 기준을 나름대로 정해 놓고 생활해 나가면 남들과 비교에서 오는 열등감이나 불행감은 많이 줄어들 것이다.

1771년 12월 24일에 쓴 베르테르의 편지를 보면 상사였던 괴팍한 공사에 대한 불만이 서술되어 있다. 베르테르는 그 공사의 언행에 반박하고, 그 곳 사람들의 출세에 대한 집착과 탐욕에 환멸을 느껴 길을 떠난다. 그는 비굴하지 않고, 비쿨(be cool)하다.

"대부분의 사람들은 먹고 사는데 많은 시간을 할애하다가 자유로운 시간이 있게 되면 오히려 불안해져 이런 상황을 모면하려고 온갖 수단을 다 찾아본다. 오, 인간의 운명이여!" (1771년 5월 17일)

Die meisten verarbeiten den größten Teil der Zeit, um zu leben, und das bißchen, das ihnen von Freiheit übrig bleibt, ängstigt sie so, daß sie alle Mittel aufsuchen, um es los zu werden. O Bestimmung des Menschen![11)]

의식주 문제로 바쁜 일상 속에서 인간의 행복은 어디에 있는가?

---

10) HA. Bd.6, 10-11쪽.
11) HA. Bd.6, 11쪽.

"청춘시절에는 다양한 즐거움에 개방적이어야 하는데, 그렇지 못한 젊은이들을 볼 때면 못마땅하다. 인생이 꽃피는 시기에 안색이 안 좋고 일상을 즐길 줄 모르면 안 된다." (1771년 7월 1일)

Nun verdrießt mich nichts mehr, als wenn die Menschen einander plagen, am meisten, wenn junge Leute in der Blüte des Lebens, da sie am offensten für alle Freuden sein könnten, einander die paar guten Tage mit Fratzen verderben.[12)]

청춘의 특권은 날마다 놀라움으로 가득한 일상을 즐기는 것이다.

"자신의 열정과 필요에서가 아니라 타인의 시선 때문에 돈이나 명예를 얻으려고 치열하게 일하는 사람이야 말로 천치이다." (1771년 7월 20일)

Ein Mensch, der um anderer willen, ohne daß es seine eigene Leidenschaft, sein eigenes Bedürfnis ist, sich um Geld oder Ehre oder sonst was abarbeitet, ist immer ein Tor.[13)]

남들에게 보이기 위한 표피적인 인생에서 벗어나자!

"우리가 나약해서 힘들더라도 끈기 있게 실행해 나간다면 진척이 없을 때도 있지만 돛을 달고 노를 저어가는 타인들보다 더 많이 성취해 낼 수 있다. 타인들과 맞먹거나 그들을 능가할 때 자신의 참다운 감정이 나온다." (1771년 10월 20일)

---

12) HA. Bd.6, 32쪽.
13) HA. Bd.6, 40쪽.

Wenn wir mit all unserer Schwachheit und Mühseligkeit nur gerade fortarbeiten, so finden wir gar oft, daß wir mit unserem Schlendern und Layieren es weiter bringen als andere mit ihrem Segeln und Rudern – und – das ist doch ein wahres Gefühl seiner selbst, wenn man andern gleich oder gar vorläuft.[14)]

힘든 고난 속에서도 꿋꿋한 용기와 끈기가 있다면 성공할 것이다.

5. 욕망

“나는 인간에게 내재된 욕망에 대해서 숙고해 보았다. 인간이란 스스로를 넓히고, 새롭게 발견하고 방황한다. 한정된 습관 속에서 타성에 젖어 살아가려는 내면적인 충동도 있다.” (1771년 6월 21일)

Ich habe allerlei nachgedacht, über die Begier im Menschen, sich auszubreiten, neue Entdeckungen zu machen, herumzuschweifen; und dann wieder über den inneren Trieb, sich der Einschränkung willig zu ergeben, in dem Gleise der Gewohnheit so hinzufahren und sich weder um Rechts noch um Links zu bekümmern.[15)]

자신을 무한히 확대하려는 의지와 익숙한 정해진 틀 안에 안

14) HA. Bd.6, 61쪽.
15) HA. Bd.6, 61쪽.

주하려는 습성을 사람들마다 갖고 있다.

> "인간의 활동력과 연구력에는 한계가 있고, 모든 활동이 인간의 욕망 충족에 맞춰져 있다. 욕망은 인간의 가련한 삶을 연장해 주는 것 이외에는 다른 목적이 없다는 사실을 알고 나니 말문이 막힌다."(1771년 5월 22일)

> Wenn ich die Einschränkung ansehe, in welcher die tätigen und forschenden Kräfte des Menschen eingesperrt sind; wenn ich sehe, wie alle Wirksamkeit dahinaus läuft, sich die Befriedigung von Bedürfnissen zu verschaffen, die wieder keinen Zweck haben, als unsere arme Existenz zu verlängern, das alles macht mich stumm.[16)]

베르테르는 여기서 인간의 욕망을 부정적으로 보고 있는데, 욕망의 유형에 따라 긍정적으로 볼 수도 있다. 스피노자는 우리의 영혼은 감정, 이성, 욕망으로 구성되어 있는데, 욕망이 영혼의 본질이라고 주장한다. 니체도 욕망을 긍정적으로 보는데, 자신에게 가치 있는 것을 추구하는 삶이 바로 욕망에 따른 삶이라고 역설한다.

미국의 심리학자인 매슬로가 제시한 '인간 욕구 5단계'[17)]는 인간의 욕망을 긍정적으로 통찰한 것이다.

---

16) HA. Bd.6, 13쪽.

17) 의식주 욕구, 안전욕구(경제적 안정, 질서), 사회적 욕구(소속욕구, 애정욕구), 존경욕구(스스로를 중요하다고 느끼고 타인들로부터 인정받고자 함. 명예, 성공), 자아실현의 욕구.

6. 자유

"인간은 제한을 받고 있어도 마음속에 항상 달콤한 자유의 감정을 갖고 있다." (1771년 5월 22일)

Und dann, so eingeschränkt er ist, hält er doch immer im Herzen das süße Gefühl der Freiheit.(HA. Bd.6, 14쪽)

대가나 달인은 제약을 받을 때에 비로소 그 진가가 드러나고, 자유를 주는 것은 법칙이다. 베르테르는 그 당시 독일의 봉건적인 계급사회에 반항하는데, 시민계급 출신의 젊은이들이 버텨내야 했던 시대의 아픔이고 세계고 Weltschmerz 였다. 동병상련이랄까, 그래서 젊은이들에겐 베르테르 패션(푸른 연미복, 노란 조끼, 가죽 빈비지, 목이 밖으로 젖혀지는 장화, 회색의 둥근 펠트 모자)이 대유행이었고, '베르테르 열풍'과 '베르테르 효과'가 유럽에서 일어났다.

"인간은 자유롭게 태어났지만 여기저기서 사슬에 묶여 있는 상태"라는 루소의 외침은 자유를 갈망하는 베르테르가 절감하는 도덕, 제도, 인습의 장벽을 극명하게 표현해 준다.

7. 생활양식

"내 마음에 드는 곳에 작은 오두막을 지어서 소박하게 생활하려는 나의 취향을 너는 오래 전부터 알고 있겠지."(1771년 5월 26일)

Du kennst von alters her meine Art, mich anzubauen, mir irgend an einem vertraulichen Orte ein Hüttchen aufzuschlagen und da mit aller Einschränkung zu herbergen.(HA. Bd.6, 14쪽)

소박한 삶이냐 풍요로운 삶이냐, 아니면 소박한 삶과 풍요로운 삶이 균형을 이룬 '소풍 같은 삶'이냐, 선택은 자유다.

"발하임 마을은 도시에서 한 시간 쯤 걸리는 곳에 있다. 보리수 두 그루의 나뭇가지들이 이리저리 뻗어서 교회 앞 작은 광장을 뒤덮고 있어서 너무나 정겨운 풍경이다. 나는 주막집 아주머니에게 작은 식탁과 의자를 밖으로 가져와 달라고 하여, 커피를 마시며 호머의 작품을 탐독한다." (1771년 5월 26일)

Ungefähr eine Stunde von der Stadt liegt ein Ort, den sie Wahlheim nennen. Was über alles geht, sind zwei Linden, die mit ihren ausgebreiteten Ästen den kleinen Platz vor der Kirche bedecken. So vertraulich, so heimlich hab' ich nicht leicht ein Plätzchen gefunden, und dahin lass' ich mein Tischchen aus dem Wirtshause bringen und meinen Stuhl, trinke meinen Kaffee da und lese meinen Homer.[18)]

괴테는 Garbenheim bei Wetzlar의 풍경을 발하임으로 묘사하고 있다. 밝고 명랑하며 따뜻한 호머적인 세계가 베르테르를 치유해 준다.

---

18) HA. Bd.6, 14-15쪽.

"정처 없는 방랑자라도 결국 고국을 동경한다. 넓은 세상을 떠돌아 다녀봤자 찾을 수 없었던 기쁨을 가족들과 단란한 행복 속에서 절감하게 된다. 인간의 단순하고 가식 없는 기쁨을 느낄 수 있어서 내 마음은 편안하다." (1771년 6월 21일)

So sehnt sich der unruhigste Vagabund zuletzt wieder nach seinem Vaterlande und findet in seiner Hütte, an der Brust seiner Gattin, in dem Kreise seiner Kinder, in den Geschäften zu ihrer Erhaltung die Wonne, die er in der weiten Welt vergebens suchte. Wie wohl ist mir's, daß mein Herz die simple, harmlose Wonne des Menschen fühlen kann.[19)]

우리가 물과 공기의 소중함을 모른 채 살아가듯 가정에서의 사랑과 행복을 간과하기 쉽다.

8. 베르테르와 로테의 관계

"로테의 검은 눈동자는 내 운명에 대한 진정한 그녀의 공감을 말해준다. 그녀가 나를 사랑하고부터 나는 정말로 소중한 존재가 되었다." (1771년 7월 13일)

Ich lese in ihren schwarzen Augen wahre Teilnehmung an mir und meinem Schicksal. Mich liebt!- Und wie wert ich mir selbst werde, seitdem sie mich liebt!(HA. Bd.6, 38쪽.)

---

19) HA. Bd.6, 29쪽.

너는 나에게, 나는 너에게 눈부신 사랑의 빛을 던져 주면 인생은 그 얼마나 멋있는가!

베르테르와 로테와의 영적 교감은 음악을 통해서도 이뤄진다.

"그녀는 내게 고결한 존재이다. 그녀 곁에선 모든 욕망이 사라진다. 그녀 곁에 있으면 내 마음 나도 모르겠다. 내 정신이 혼미해 지는 듯하다. 로테가 피아노로 즐겨 치는 노래는 천사의 힘을 지닌 것처럼 단순하고 재치 있고 독특한 멜로디가 있어서 첫 머리만 연주해도 내 모든 우울과 고통, 혼란이 말끔히 사라지고 만다." (1771. 7.16.)

Sie ist mir heilig. Alle Begier schweigt in ihrer Gegenwart. Ich weiß nie, wie mir ist, wenn ich bei ihr bin; es ist, als wenn die Seele sich mir in allen Nerven umkehrte. Sie hat eine Melodie, die sie auf dem Klaviere spielet mit der Kraft eines Engels, so simpel und so geistvoll! Es ist ihr Leiblied, und mich stellt es von aller Pein, Verwirrung und Grillen her, wenn sie nur die erste Note davon greift.[20)]

연인이 직접 연주해주는 음악선물은 마음치료 효과가 크다.

"그녀와 내 손가락이 서로 스치거나 우리의 발이 식탁 아래서 부딪힐 때면 내 모든 혈관이 요동친다." (1771. 7.16.)

Ach wie mir das durch alle Adern läuft, wenn mein Finger

---

20) HA. Bd.6, 39쪽.

unversehens den ihrigen berührt, wenn unsere Füße sich unter dem Tische begegnen! (HA. Bd.6, 38쪽).

청춘시절의 설렘이야말로 삶을 발효시켜 주는 효모와 같다.

9. 운명과 죽음

"아, 내 젊은 날의 여자 친구가 이 세상을 떠났다니! 난 그녀를 소유했고, 그녀의 진심과 그녀의 대단한 영혼을 느꼈다. 사랑의 힘으로 실제의 나보다 더 나은 나라고 믿어져서 모든 것을 해낼 수 있는 것처럼 여겨졌다."(1771년 5월 17일)

Ach, daß die Freundin meiner Jugend dahin is! Aber ich habe sie gehabt, ich habe das Herz gefühlt, die große Seele, in deren Gegenwart ich mir schien mehr zu sein, als ich war, weil ich alles war, was ich sein konnte.[21]

베르테르는 사랑의 체험을 통해서 그의 역량이 최대한 발휘되고 섬세한 감성과 예리한 지성을 겸비한 천재성을 갖추게 되었다고 회상한다.

로테의 남편 알베르트와 베르테르는 자살에 대해 언쟁한다. 알베르트는 베르테르가 모든 것을 과장하는 경향이 있어서 자살을 위대한 행위와 비교하지만, 자살은 절대로 옳지 못하며, 자살이

21) HA. Bd.6, 12쪽.

란 나약함 때문이라고 비판한다. 이에 대해서 베르테르는 다음과 같이 항변한다.

> "인간의 천성에는 한계가 있어요. 기쁨, 번민, 고통은 감내할 수 있는 한도를 넘어서면 다시 일어 설 수 없어요. 한 개인의 나약함이나 강인함이 중요한 것이 아니라, 그가 영육 간에 심한 고통을 견뎌 낼 수 있는가가 핵심입니다." (1771년 8월 12일)

> "Die menschliche Natur hat ihre Grenzen: sie kann Freude, Leid, Schmerzen bis auf einen gewissen Grad ertragen und geht zugrunde, sobald der überstiegen ist. Hier ist also nicht die Frage, ob einer schwach oder stark ist, sondern ob er das Maß seines Leidens ausdauern kann, es mag nun moralisch oder körperlich sein."[22]

인간의 생명은 고귀한 것이고 단 한번 살다 가는 것이니 한계상황을 이겨낼 수 있는 능력을 갖춰야 한다.

1771년 9월 10일자 편지를 보면 로테는 달밤에 산책을 하며 이미 고인이 된 친지들을 기억해 보고 죽음과 내세에 대해 깊이 생각해 본다. 그녀는 베르테르에게 사후에 저 세상에서 서로 다시 만나게 될 것인가를 물어 보는데, 베르테르는 재회와 사랑을 확신한다.

> "로테, 나는 죽으려고 결단했어요. 이것은 절망이 아니라, 당신을 위해 희생을 감내하는 확신입니다." (1772년 12월 21일)

---

22) HA. Bd.6, 48쪽.

Es ist beschlossen, Lotte, ich wil sterben. Es ist nicht Verzweiflung, es ist Gewißheit, daß ich ausgetragen habe, und daß ich mich opfere für dich.(HA. Bd.6, 104쪽)

베르테르의 로테에 대한 사랑의 감정은 상반적이다. 베르테르는 정신적인 사랑과 육체적인 사랑 사이에서 이 모순적인 자신의 감정에 균형추를 찾지 못해 발버둥 치다, 결국 로테의 행복, 평화, 기쁨을 위해 자신을 희생한다. 목숨 걸고 사랑하다 목숨을 버린, '사랑으로 살 수는 없지만 사랑을 위해 죽을 수 있는 사랑'을 했던 청년 베르테르! 내세에서의 사랑을 확신하면서! 비록 육체는 죽지만 영혼은 영원하다고 믿는 것일까?

"인생은 한낱 꿈에 불과하다고 이미 많은 사람들이 생각했겠지만 그 느낌은 항상 내 뇌리를 떠나지 않는다."(1771년 5월 22일)

Daß das Leben des Menschen nur ein Traum sei, ist manchem schon so vorgekommen, und auch mit mir zieht dieses Gefühl immer herum.(HA. Bd.6, 13쪽)

"인생의 꽃이란 한낱 현상일 뿐이다."(1771년 8월 28일)

Die Blüten des Lebens sind nur Erscheinungen.(HA. Bd.6, 54쪽)

'인생이란 눈발이 날리는 것처럼 한 순간이고, 허망한 것이다'라고 베르테르는 비탄에 젖는다.

"우울감은 나태한 것과 같다. 우리의 본성은 나태해지기 쉽다.

하지만 다시 마음을 다잡아 분발하면, 일은 잘 풀리게 되고, 활동함으로써 진정한 만족을 얻을 수 있다." (1771년 7월 1일)

Es ist mit der üblen Laune völlig wie mit der Trägheit, denn es ist eine Art von Trägheit. Unsere Natur hängt sehr dahin, und doch, wenn wir nur einmal die Kraft haben, uns zu ermannen, geht uns die Arbeit frisch von der Hand, und wir finden in der Tätigkeit ein wahres Vergnügen.[23)]

인간의 행위는 느슨해지기 쉽고 무한정 놀기를 좋아하는 본성이 있다. 의미와 가치가 있는 활동을 계속함으로써 죽음까지도 극복할 수 있는 것이다.

"아무래도 운명이 나에게 혹독한 시련을 주려는 모양이다." (1771년 10월 20일)

Ich merke, ich merke, Schicksal hat mir harte Prüfungen zugedacht.(HA. Bd.6, 60쪽).

인생의 과정에서 시련이 크면 클수록 운명을 개척해가는 정신력도 강해진다. 베토벤은 청력을 상실했을 때 가장 심오한 음악을 창작해 내었다.

"인간의 운명이란 스스로의 분수를 감내하고 자신의 술잔을 다 마셔 버리는 것이 아니겠는가?" (1772년 11월 15일)

---

23) HA. Bd.6, 33쪽.

> Was ist es anders als Menschenschicksal, sein Maß auszuleiden, seinen Becher auszutrinken?.(HA. Bd.6, 86쪽).

우리는 분수와 절제에 맞춰 살아갈 때 세상의 고통이라는 술잔을 즐겁게 비울 수 있다.

괴테의 시 "운명"을 감상해 본다.

> 운명을 거슬려서는 안 되지만
> 운명에서 줄행랑 쳐서도 안 된다!
> 네가 운명에게 손을 내밀면
> 운명도 너를 따뜻하게 안아 줄 것이다.

우리가 세상을 살아가다보면 한계상황에 부딪칠 수 있는데, 이때는 운명애를 떠올릴 필요가 있다. 사람들을 사랑할 뿐만 아니라 자신의 운명까지도 포용할 수 있을 때 삶은 풍요로워질 것이다. 괴테도 인생은 짓궂은 장난이요 무거운 짐이라고 느낀다. 인간의 운명과 죽음을 위로해 줄 수 있는 것은 사랑이 충만한 아름다운 기억과 인간관계이다. 육신은 죽어도 평생 동안 간직해 온 소중한 기억들은 불멸이다.

제4장

소설 『빌헬름 마이스터의 방랑시대』

괴테의 나이 80세가 되던 해인 1829년에 발표한 소설로서 인류에게 전하고 싶은 괴테의 간절한 유언과도 같은 심오하고도 다양한 주제와 내용이 들어 있다. 휴머니즘의 실현, 세계 시민성, 개인과 공동체의 상호관계, 이상적인 인간관계, 긍정적이고 건전한 의미의 체념과 절제, 절제와 제한을 통한 정신적인 자유, 행동과 사유의 상호작용 등이 이 작품 전체의 맥을 이루고 있다.

이 소설의 주요 단락들을 오늘날 우리가 세상을 살아갈 때 일상에 어떻게 적용가능한가에 중점을 두고 해설해 본다.

1. 나의 인생은 방랑하면서 살아가기로 되어 있다.

Mein Leben soll eine Wanderschaft werden.[1)]

이 소설에서 빌헬름은 3일 이상 한 곳에 머물러서는 안 되고, 그 다음 장소는 최소한 1마일 이상 떨어진 곳이어야 한다는 방랑의 규정을 지켜야 한다. 한 곳에 오래 머물지 않고 세상을 떠돌아다니면서 다양한 체험을 하는 것이 알찬 삶이다. 괴테의 이딜리아 여행기는 이에 대한 좋은 실례이다.

괴테의 이탈리아 여행(1786년 9월 3일에서 1788년 4월 14일까지)은 괴테의 삶과 예술에 커다란 전환점이 되는 의미 깊은 체험여행, 그랜드 투어이다. 독일 카를스바트에서 로마까지(1786년 9월-1787년 2월), 나폴리와 시칠리아(1787년 2월-1787년 6월), 두 번째 로마 여행기(1787년 6월-1788년 4월)로 나눠진다.

1) Goethes Werke, Hamburger Ausgabe(HA.), Bd.8, Hamburg 1967, 11-12쪽.

괴테의 이탈리아 여행의 목적지는 로마였다. 그는 로마에 대한 열망과 동경이 강렬했다. 그는 로마에 도착한 1786년 11월 1일을 '제2의 탄생일', '참된 삶이 다시 시작된 날'이라고 말한다.

> "이제 이곳에 도착한 나는 마음이 편안해지고 평생 동안 지속될 듯한 안정을 찾은 것 같다. 부분적으로는 속속들이 알고 있는 것들을 실제로 눈앞에서 전체적으로 바라보는 순간, 바로 거기서 새로운 내 삶이 시작되는 것이다."[2)]

괴테는 11월 10일 다음과 같이 쓰고 있다.

> "모든 것을 있는 그대로 바라보고 그대로 받아들이려는 나의 노력, 나의 눈빛을 흐리지 않게 하려는 나의 충심, 주제넘은 모든 생각을 완전히 떨쳐버리려는 나의 태도, 이 모든 것이 한데 어울려 내게 도움이 되고 나로 하여금 남모르는 은밀한 행복감을 느끼게 해 준다. 매일같이 새롭고 진기한 대상을 접하고, 날마다 생생하고 커다랗고 기묘한 그림들을 보면서, 지금까지 오래도록 생각하며 꿈꾸었지만 상상력의 한계를 넘어섰던 전체적인 윤곽이 잡힌다."[3)]

헤세는 인생길을 방랑으로 생각하고 정체된 삶이 아닌 신선하고 놀라운 떠남의 삶, 길 위의 삶을 예찬한다. 그의 시 '단계들'을 감상해 본다.

---

2) 박영구 옮김: 괴테의 이탈리아 기행. 푸른 숲 1998, 161-162쪽.
3) 박영구 옮김: 괴테의 이탈리아 기행. 푸른 숲 1998, 180쪽.

헤르만 헤세: 단계들

모든 꽃들이 피었다 시들 듯
청춘들도 나이 들어가고
삶의 단계들도 지혜도 미덕도
피어나지만 영원하지는 않다.
한 곳에 안주하지 않고
모든 삶의 부름들에
새롭게 시작할 각오가 필요하다.
슬퍼하지 않고 용기 있게
새로운 소명들에 헌신해야 한다.
모든 시작에는 우리가 삶을 살아 낼 수 있는
놀라운 힘이 깃들어 있다.

우리는 유쾌하게 이곳저곳을 돌아다닌다.
어느 곳에서도 고향처럼 머물러서는 안 된다.
세계를 이끄는 정신은 우리를 얽어매지 않고
우리를 한 단계 한 단계 끌어 올리고 넓혀 준다.
우리가 고향 같은 삶의 틀에
익숙해지면 곧바로 타성에 젖게 된다.
훌쩍 먼 길을 떠날 준비가 된 사람만이
마비되듯 익숙해지는 일상에서 벗어날 수 있다.
죽음이 가까워 오는 순간에도
새로운 곳에 젊음으로 남아 있으니
우리를 향한 인생의 부름은 끝나지 않으리라.
그럼, 어서 길을 떠나고, 내내 안녕 하라!

STUFEN

Wie jede Blüte welkt und jede Jugend
Dem Alter weicht, blüht jede Lebensstufe,
Blüht jede Weisheit auch und jede Tugend
Zu ihrer Zeit und darf nicht ewig dauern.
Es muß das Herz bei jedem Lebensrufe
Bereit zum Abschied sein und Neubeginne,
Um sich in Tapferkeit und ohne Trauern
In andre, neue Bindungen zu geben.
Und jedem Anfang wohnt ein Zauber inne,
Der uns beschützt und der uns hilft zu leben.
Wir sollen heiter Raum um Raum durchschreiten,
An keinem wie an einer Heimat hängen,
Der Weltgeist will nicht fesseln uns und engen,
Er will uns Stuf' um Stufe heben, weiten.
Kaum sind wir heimisch einem Lebenskreise
Und traulich eingewohnt, so droht Erschlaffen,
Nur wer bereit zu Aufbruch ist und Reise,
Mag lähmender Gewöhnung sich entraffen.
Es wird vielleicht auch noch die Todesstunde
Uns neuen Räumen jung entgegensenden,
Des Lebens Ruf an uns wird niemals enden...
Wohlan denn, Herz, nimm Abschied und gesunde!

인생의 단계별로 버킷 리스트를 만들어 실천해 나가는 것이 바람직하다. 현대인들은 바쁜 일상으로 정해진 틀 속에서 생활할 수밖에 없는 경우가 많은데, 생계를 위한 직업, 커리어를 위한 활동, 소명을 위한 의미 있는 실행이 균형을 잡아야 할 것이다.

2. 쓸모 있음으로부터 진실을 거쳐 아름다움으로 나아간다.

Vom Nützlichen durchs Wahre zum Schönen.(HA. Bd.8, 65쪽)

개인은 공동체에 기여함으로써 쓸모 있게 되고, 공동체를 위해 끊임없이 활동하면 진실하고 아름다운 인간성을 회복하게 된다.

3. 명랑함은 진지한 삶의 토대 위에서 아름답게 나타나, 진지함과 성스러움이 욕망을 절제하고, 절제를 통해서만 우리 스스로를 지켜나갈 수 있다.

Auf ernstem Lebensgrunde zeigt sich das Heitere so schön, Ernst und Heiligkeit mäßigen die Lust, und nur durch Mäßigung erhalten wir uns.[4)]

인생은 무거운 짊일 수도 있지만 문학과 예술은 밝은 유쾌함과 절제를 우리들에게 선사한다.

4. 순수한 중심점 주위를 순환하면서 계속 활동해오던 것이 네

4) HA. Bd.8, 83쪽

게서 중단되어도, 네가 영원히 역동적인 질서의 중심에 있다고 믿는가? 그 중심점을 네 마음속에서 찾아내기 어렵다고 하더라도, 착한 활동과 영향은 그 중심점에서 시작된다는 사실을 인식해야 할 것이다.

Darfst du dich in der Mitte dieser ewig lebendigen Ordnung auch nur denken, sobald sich nicht gleichfalls in dir ein beharrlich Bewegtes, um einen reinen Mittelpunkt kreisend, hervortut? Und selbst wenn es dir schwer würde, diesen Mittelpunkt in deinem Busen aufzufinden, so würdest du ihn daran erkennen, daß eine wohlwollende, wohltätige Wirkung von ihm ausgeht.[5)]

세상풍파에 휩쓸려도 내 마음의 중심이 제대로 작동하면 인생은 순풍에 돛을 단 것과 같다.

5. 과거의 삶을 어느 정도 후회하지 않고 회고해 볼 수 있는 사람이 얼마나 있을까? 의도는 정당했지만 행동은 잘못되었고, 갈망은 비난받을지라도 그것이 이뤄지는 것은 바라던 것이라고 생각하는 존재가 바로 인간이다.

Wer soll, wer kann aber auf sein vergangenes Leben zurückblicken, ohne gewissermaßen irre zu werden, da er meistens finden wird, daß sein Wollen richtig, sein Tun falsch, sein Begehren tadelhaft

5) HA. Bd.8, 119쪽.

und sein Erlangen dennoch erwünscht gewesen?[6)]

과거, 현재, 미래 사이의 대화가 바로 인생인데, 지난날들에 대한 회상, 성찰이 오늘과 내일의 삶에 새로운 빛을 던져 줄 것이다.

6. 본래 우리들에게는 덕과 흠이 내재되어 있는데, 덕이 되지 않는 흠도 없거니와 흠이 되지 않는 덕도 없다.

Von Natur besitzen wir keinen Fehler, der nicht zur Tugend, keine Tugend, die nicht zum Fehler werden könnte.(HA. Bd.8, 127쪽)

사람은 누구나 장단점을 갖고 있는데, 단점을 고치면 미덕이 될 수 있고, 장점도 오랫동안 그대로 놔두면 녹슬어 변질될 수 있다.

7. 관찰과 행동에 있어서 도달할 수 있는 것을 도달할 수 없는 것으로부터 구분해야 한다.

Im Betrachten wie im Handeln ist das Zugängliche von dem Unzugänglichen zu unterscheiden.(HA. Bd.8, 297쪽)

사람들의 능력에는 한계가 있으니까 가능한 일과 불가능한 일을 식별할 수 있어야 한다.

---

6) HA. Bd.8, 119쪽.

8. 그토록 깊은 아픔과 고통 속에 길을 잃었을지라도
그대, 젊음의 행복을 누리도록 태어났으니.
용기 내어 곧 건강한 발걸음 내디뎌라.
오라. 하늘의 빛과 밝음을 벗 삼아,
충실하고 착한 이들 사이에 그대가 있음을 느끼라,
거기 인생의 맑은 샘이 솟아나리라.[7)]

„Bist noch so tief in Schmerz und Qual verloren,
So bleibst du doch zum Jugendglück geboren;
Ermanne dich zu rasch gesundem Schritte,
Komm in der Freundschaft Himmelsglanz und Helle,
Empfinde dich in treuer Guten Mitte,
Da sprieße dir des Lebens heitre Quelle.“[8)]

젊은 날은 다시 찾아오지 않으니까 열정, 즐거움, 의미로 가득 채워야 할 것이다.

9. 생각해 내고, 결단을 내리기 위해,
예술가여, 종종 홀로 머물게나.
그러나 그대의 활동을 즐기기 위해선
즐겁게 모임에 달려가게나!
여기서 전체를 살펴보고 경험하게나

7) 김숙희 외 옮김: 빌헬름 마이스터의 편력시대 1. 민음사 1999, 267쪽에서 그대로 인용함.
8) HA. Bd.8, 206쪽.

그대 자신의 인생행로를.
그러면 수많은 세월의 업적이
그대의 이웃에서 피어날지니.

생각과 계획, 형상화된 것들과 그 연관성,
하나가 다른 하나를 갈고 다듬어,
마침내는 충분해지리니!
잘 생각해 내고 현명하게 궁리해서
아름답게 만들어내고 정교하게 완성시켜—
예로부터 그렇게 예술가는
능숙하게 권능을 얻었느니라.

연설가와 시인이 대담하게
시와 글 속에 빠져들 듯이,
화가의 화폭에는 인생의 밝은 장미가
싱싱하게 담겨져야 하느니,
형제자매들로 넉넉하게 둘러싸여,
가을 열매로 에워싸여,
화폭 위의 장미는 신비스런 인생의
명백한 의미를 불러내리라.

천만 번 더 아름답게, 형태에서 형태가
그대의 손에서 흘러나오게 하라,
그리고 인간의 모습 속에
신성이 깃들어 있음을 즐겨라.[9]

9) 김숙희 외 옮김: 빌헬름 마이스터의 편력시대 1. 민음사 1999, 330-331쪽에서

Zu erfinden, zu beschließen,
Bleibe, Künstler, oft allein;
Deines Wirkens zu genießen,
Eile freudig zum Verein!
Hier im Ganzen schau', erfahre
Deinen eignen Lebenslauf,
Und die Taten mancher Jahre
Gehn dir in dem Nachbar auf.

Der Gedanke, das Entwerfen,
Die Gestalten, ihr Bezug,
Eines wird das andre schärfen,
Und am Ende sei's genug!
Wohl erfunden, klug ersonnen,
Schön gebildet, zart vollbracht -
So von jeher hat gewonnen
Künstler kunstreich seine Macht.

Wie beherzt in Reim und Prose
Redner, Dichter sich ergehn,
Soll des Lebens heitre Rose
Frisch auf Malertafel stehn,

Mit Geschwistern reich umgeben,
Mit des Herbstes Frucht umlegt,

그대로 인용함.

Daß sie von geheimem Leben
Offenbaren Sinn erregt.

Tausendfach und schön entfließe
Form aus Formen deiner Hand,
Und im Menschenbild genieße,
Daß ein Gott sich hergewandt.[10)]

예술가는 인간에게 내재된 고상한 기품을 찾아내 형상화해야 한다.

10. 오늘의 가치보다 더 높이 평가되는 것은 아무 것도 없다.

Nichts ist höher zu schätzen als der Wert des Tages.
(HA. Bd.8, 485쪽)

너의 의무는 무엇인가? 오늘의 요구가 너의 의무이다.

Was aber ist deine Plicht? Die Forderung des Tages.
(HA. Bd.8, 283쪽)

오늘은 선물이니 기쁜 마음으로 의미와 가치 있게 보내야 할 것이다. 카르페 디엠!

---

10) HA. Bd.8, 255-256쪽.

11. 능력 있고 활발한 남자여,
위인들에게서 은혜를,
힘 있는 사람들에게서 호의를,
활발하고 착한 사람들에게서 후원을,
많은 사람들에게서 호감을,
개인에게서 사랑을
얻어 오고 기대하라.

Tüchtiger, tätiger Mann, verdiene dir und erwarte :
von den Großen- Gnade,
von den Mächtigen -Gunst,
von Tätigen und Guten - Förderung,
von der Menge -Neigung,
von dem Einzelnen- Liebe.[11]

인간관계에서 호감과 사랑을 주고받는 것이 중요하다.

12. 아름다운 것들이 세계 속에 단절되어 있는데, 서로 결합시켜 예술작품을 창작해 내는 것은 정신이다.

Es steht manches Schöne isoliert in der Welt, doch der Geist ist es, der Verknüpfungen zu entdecken und dadurch Kunstwerke hervorzubringen hat.[12]

11) HA. Bd.8, 283쪽.
12) HA. Bd.8, 284쪽.

단편적인 아름다움을 융합하여 작품으로 승화시켜야 한다.

13. 그대가 누구와 어울리는지를 내게 말하면 그대가 어떤 사람인지 말해 주겠다. 그대가 무슨 일에 몰입하는지 내가 안다면, 그대가 어떤 인물이 될 것인지도 알 수 있다.

Sage mir, mit wem du umgehst, so sage ich dir, wer du bist; weiß ich, womit du dich beschäftigst, so weiß ich, was aus dir werden kann.[13)]

직업이 '최상의 나'를 실현해 줄 수 있을 때 성공한 것이고, 서로에게 긍정적인 영향을 끼치는 친밀한 인간관계도 무척 소중하다.

14. 우리 각자는 스스로의 방식대로 생각해야한다. 인생 여정에서 우리에게 도움이 되는 진실한 것을 발견하기 때문이다. 방종해서는 안 되고 극기해야 한다. 본능대로 행동하는 것은 인간답지 못하다.

Jeder Mensch muß nach seiner Weise denken, denn er findet auf seinem Wege immer ein Wahres, oder eine Art von Wahrem die ihm durchs Leben hilft; nur darf er sich nicht gehen lassen; er muß sich kontrollieren; der bloße nackte

13) HA. Bd.8, 286쪽.

Instinkt geziemt nicht dem Menschen.[14]

나를 넘어서야 비로소 나를 만날 수 있다.

15. 제멋대로 구는 행위는 결국 파멸로 치닫는다.

Unbedingte Tätigkeit, von welcher Art sie sei,
macht zuletzt bankerott.(HA. Bd.8, 286쪽)

절제 없는 정신의 해방은 상하기 쉽다.

Alles was unsern Geist befreit, ohne uns die Herrschaft
über uns selbst zu geben, ist verderblich.(HA. Bd.8, 293쪽)

절제와 원칙이 우리에게 자유로운 삶을 마련해 준다.

16. 사람들이 자신이나 남들을 그릇되게 평가하는 것은 수단을 목적으로 생각하기 때문이다.

Die Menschen werden an sich und andern irre, weil sie
die Mittel als Zweck behandeln.(HA. Bd.8, 286쪽)

수단을 목적으로 생각하는 나의 기준으로 타인을 판단하는 것은 오류이다.

---

14) HA. Bd.8, 286쪽.

17. 알고 있는 능력을 적절하게 활용하는 지혜로운 사람들만이 세상만사에 큰 발전이 있을 것이다.

Nur klugtätige Menschen, die ihre Kräfte kennen und sie mit Maß und Gescheidigkeit benutzen, werden es im Weltwesen weit bringen.(HA. Bd.8, 288쪽)

능력을 적재적소에 나눠서 잘 활용하면 성공할 것이다.

18. 스스로를 과대평가하거나 과소평가하는 것은 큰 실수이다.

Ein großer Fehler: daß man sich mehr dünkt, als man ist, und sich weniger schätzt, als man wert ist.(HA. Bd.8, 288쪽)

자신에 대한 세밀한 통찰을 거친 후에 인생 항해를 시작하라.

19. 바꾸거나 고쳤으면 하고 바랄 것이 전혀 없는 젊은이를 가끔 만나게 된다. 그러나 많은 젊은이들이 능숙하게 시류에 편승하는 것을 보게 되는 것은 괴로운 일이다. 그리고 바로 여기에 내가 주의를 환기시키고자 하는 바가 있으니, 부숴지기 쉬운 나룻배에 탄 사람의 손에 노가 쥐어진 것은 제멋대로인 파도를 따르기 위한 것이 아니라, 자신의 통찰에서 오는 의지를 따르라는 것이다.[15)]

15) 김숙희 외 옮김: 빌헬름 마이스터의 편력시대 1. 민음사 1999, 375쪽에서 그대로 인용함.

Es begegnet mir von Zeit zu Zeit ein Jüngling, an dem ich nichts verändert noch gebessert wünschte; nur macht mir bange, daß ich manchen vollkommen geeignet sehe, im Zeitstrom mit fortzuschwimmen, und hier ist's, wo ich immerfort aufmerksam machen möchte: daß dem Menschen in seinem zerbrechlichen Kahn eben deshalb das Ruder in die Hand gegeben ist, damit er nicht der Willkür der Wellen, sondern dem Willen seiner Einsicht Folge leiste.[16)]

인생을 그때그때의 트렌드에 너무 맞춰 살아가다 보면 속빈 강정 같은 삶이 될 수도 있다.

20. 음악은 신선함을 덜 필요로 한다. 예전의 친숙한 음악이 오히려 더 호소력이 있다.

Musik im besten Sinne bedarf weniger der Neuheit, ja vielmehr je älter sie ist, je gewohnter man sie ist, desto mehr wirkt sie.(HA. Bd.8, 290쪽)

음악은 순수한 영혼의 표현인데, 예전부터 즐겨 듣는 음악이 우리의 심금을 파고드는 것이다.

21. 도처에서 착한 것을 찾아내어 평가할 줄 안다면 진리를 사랑하는 것이다.

16) HA. Bd.8, 288쪽.

Wahrheitsliebe zeigt sich darin, daß man überall das Gute zu finden und zu schätzen weiß.(HA. Bd.8, 292쪽)

이 세상에 여기 저기 흩어져 있는 착한 것들을 찾아내 분별하는 것이 진리를 향한 첫걸음이다.

22. 늙어갈수록 젊었을 때보다 더 많이 활동해야 한다.

Wenn man alt ist, muß man mehr tun, als da man jung war (HA. Bd.8, 295쪽)

늙음의 특권은 시간의 자유인데, 의미 있는 활동을 하다보면 마음이 젊어진다.

23. 최고의 행복은 우리의 흠결을 고치는 것이다.

Das höchste Glück ist das, welches unsere Mängel verbessert und unsere Fehler ausgleicht.(HA. Bd.8, 296쪽)

결점을 인식하고 개선하는 일은 성취감을 준다.

24. 과도하게 바라거나 번잡한 것을 기뻐하는 사람은 혼란 속에 허우적거리게 된다.

Wer zuviel verlangt, wer sich am Verwickelten erfreut, der ist den Verwirrungen ausgesetzt.(HA. Bd.8, 296쪽)

욕망이 지나치면 몸과 마음이 무겁다. 사람의 탐욕도 다이어트가 필요하다.

25. 산에서 언덕으로
골짜기 따라 아래로
피아노 소리처럼 울려오네.
노래처럼 흘러오네,
조건 없는 충동이 있고 난 뒤엔
기쁨 따르고, 분별 따르네.
너의 노력, 사랑 안에 있으라,
너의 삶은 곧 실천일지라.

사는 동안 어떤 일도 미루지 마라,
너의 삶은 실천 또 실천일지라!

그대로 눌러앉아 머물지 말고
과감하고 힘차게 뛰쳐나가세!
머리와 팔뚝에 신바람나면,
어딜 가나 다 내 고향이로세,
햇빛 즐길 수 있는 곳이면,
모든 근심 걱정 사라진다네.
우리 모두 흩어져 살라고
세상은 이렇게 넓은 거라네.[17)]

---

17) 김숙희 외 옮김: 빌헬름 마이스터의 편력시대 2. 민음사 1999, 12-14, 21쪽에서 그대로 인용함.

„Von dem Berge zu den Hügeln,
Niederab das Tal entlang
Da erklingt es wie von Flügeln
Da bewegt sich's wie Gesang;
Und dem unbedingten Triebe
Folget Freude, folget Rat;
Und dein Streben, sei's in Liebe,
Und dein Leben sei die Tat."

„Du im Leben nichts verschiebe;
Sei dein Leben Tat um Tat!"

„Bleibe nicht am Boden heften,
Frisch gewagt und frisch hinaus!
Kopf und Arm mit heitern Kräften,
Überall sind sie zu Haus;
Wo wir uns der Sonne freuen,
Sind wir jede Sorge los:
Daß wir uns in ihr zerstreuen,
Darum ist die Welt so groß."[18]

세계시민 정신을 함양하여 인류에 기여하는 인물들이 필요한 시대이다.

---

18) HA. Bd.8, 312, 313, 317쪽.

26. 아무리 신중한 사람이라도 일상적인 세상살이에서는 순간순간 현명하게 대처하지 않으면 안 된다. 때문에 대체적으로 어떤 명확함에도 이르지 못하는 것이다. 그가 차후 어느 방향으로 향해 가야 할지, 원래 무엇을 하고 무엇을 내버려둬야 할지 분명히 아는 경우는 드물다.

다행스럽게도 이 모든 문제와 또 다른 수백 가지 의문들은 그대들이 끊임없이 활동하는 인생여정에서 풀리게 된다. 일상의 의무를 그때그때 즉각 살펴보기를 계속하라. 아울러 그대들의 마음이 순결하고 정신이 확고한지 점검하라. 그리하여 자유로운 시간에 숨을 내쉬고 자신을 일으켜 세울 여유를 갖게 된다면, 그대들 또한 틀림없이 숭고함에 대해 올바른 태도를 취하게 되리라. 우리는 어떤 방식으로든 숭고함에 대해 존경하는 마음으로 헌신해야 하고 모든 일을 경외심을 가지고 바라보면서 그 속에서 보다 높은 이의 이끄심을 인식해야 한다.[19)]

„Sogar der Besonnenste ist im täglichen Weltleben genötigt, klug für den Augenblick zu sein, und gelangt deswegen im allgemeinen zu keiner Klarheit. Selten weiß er sicher, wohin er sich in der Folge zu wenden und was er eigentlich zu tun und zu lassen habe.

Glücklicherweise sind alle diese und noch hundert andere wundersame Fragen durch euren unaufhaltsam tätigen Lebensgang beantwortet. Fahrt fort in unmittelbarer Beachtung der Pflicht des Tages und prüft dabei die Reinheit eures

19) 김숙희 외 옮김, 위의 책 159쪽에서 그대로 인용함.

Herzens und die Sicherheit eures Geistes. Wenn ihr sodann in freier Stunde aufatmet und euch zu erheben Raum findet, so gewinnt ihr auch gewiß eine richtige Stellung gegen das Erhabene, dem wir uns auf jede Weise verehrend hinzugeben, jedes Ereignis mit Ehrfurcht zu betrachten und eine höhere Leitung darin zu erkennen haben."[20]

인간은 고상해야 하고 감동과 경외심이 충만해야 한다.

27. 삶의 오솔길에 감춰진 비밀을 들춰내서는 안 되고 들춰낼 수도 없다. 방랑하는 사람들마다 걸려 넘어질 수 있는 돌멩이들이 놓여 있는 곳을 알려 주는 사람은 바로 시인이다.

Die Geheimnisse der Lebenspfade darf und kann man nicht offenbaren; es gibt Steine des Anstoßes über die ein jeder Wanderer stolpern muß. Der Poet aber deutet auf die Stelle hin.[21]

시인은 세상사에 밝아야 하고 사람들을 이끄는 리더이다.

28. 우리에게 본래 내재된 것으로부터 벗어날 수 없다. 그것을 폐기한다고 해도.

Was einem angehört, wird man nicht los, und wenn man es

20) HA. Bd.8, 426쪽.
21) HA. Bd.8, 460쪽.

wegwürfe.[22)]

사람들은 자신의 본바탕에서 크게 멀어질 수 없다.

29. '너 스스로를 알라'라는 의미 깊은 말을 금욕적인 뜻으로 받아들이면 안 된다. 너 스스로에게 주의를 갖고, 이 세상에서 인간관계를 잘 파악하라는 의미이다.

Nehmen wir sodann das bedeutende Wort vor: Erkenne dich selbst, so müssen wir es nicht im aszetischen Sinne auslegen. Gib einigermaßen acht auf dich selbst, nimm Notiz von dir selbst, damit du gewahr werdest, wie du zu deinesgleichen und der Welt zu stehen kommst.[23)]

나에 대한 통찰력이 있으면 인간관계가 원만하다.

30. 우리들의 감정, 응시, 사유, 경험, 상상, 이성을 적합한 언어로 표현하기 위해 우리는 날마다 새롭고 치열하게 노력한다.

Wir haben das unabweichliche, täglich zu erneuernde, grundernstliche Bestreben: das Wort mit dem Empfundenen, Geschauten, Gedachten, Erfahrenen, Imaginierten, Vernünftigen möglichst unmittelbar zusammentreffend zu erfassen. (HA. Bd.8, 469쪽)

---

22) HA. Bd.8, 464쪽.
23) HA. Bd.8, 466쪽.

창의적인 생각이나 상상, 섬세한 느낌을 글로 써보는 연습이 필요하다.

31. 해를 거듭할수록 시련도 늘어난다.

Mit den Jahren steigern sich die Prüfungen.(HA. Bd.8, 469쪽)

나이가 들어가면 적응력이 떨어지니까 시련을 이겨낼 수 있는 고독의 힘과 운명애가 요구된다.

32. 누군가를 칭찬하면 스스로를 상대방과 같은 위치에 올려놓는 것이다.

Wen jemand lobt, dem stellt er sich gleich.(HA. Bd.8, 471쪽)

남들 앞에서 우쭐거리기 보다는 남들을 칭찬하고 세워주는 것이 지혜롭다.

33. 지식만으로는 충분하지 않고, 응용해야 한다. 의도만으로는 충분하지 않고, 실행해야 한다.

Es ist nicht genug, zu wissen, man muß auch anwenden; Es ist nicht genug, zu wollen, man muß auch tun.(HA. Bd.8, 471쪽)

지식을 잘 활용하고, 좋은 계획이 있으면 실천해야 한다.

34. 시각은 가장 고상한 감각이다. 나머지 네 개의 감각인 청각, 미각, 후각, 촉각은 접촉기관을 통해서만 느낄 수 있지만 시각은 무한히 승화되어 물질을 넘어 섬세한 정신의 능력에 가깝다.

> Das Gesicht ist der edelste Sinn, die andern vier belehren uns nur durch die Organe des Takts, wir hören, wir fühlen, riechen und betasten alles durch Berührung; das Gesicht aber steht unendlich höher, verfeint sich über die Materie und nähert sich den Fähigkeiten des Geistes.[24)]

인간과 자연의 이상적인 관계는 인간이 자연을 깊은 사유 속에서 관찰할 때 형성된다. 인간과 자연의 신비적인 합일이 중요하다.

35. 우리가 다른 사람들의 입장에서 생각해보면 시기와 미움은 떨어져 나갈 것이다. 다른 사람들을 우리들의 입장에 놓고 본다면 우리들의 우쭐한 상상은 많이 사라질 것이다.

> Setzen wir uns an die Stelle anderer Personen, so würden Eifersucht und Haß wegfallen, die wir so oft gegen sie empfinden; und setzen wir andere an unsere Stelle, so würde Stolz und Einbildung gar sehr abnehmen.[25)]

역시 역지사지가 인간관계를 좌우한다.

---

24) HA. Bd.8, 480쪽.
25) HA. Bd.8, 480쪽.

36. 용기와 겸손은 아주 명확한 미덕이다.

Mut und Bescheidenheit sind die unzweideutigsten Tugenden. (HA.Bd.8, 481쪽)

자신감이 넘치면서도 자만하지 않으면 덕을 갖춘 사람이다.

37. 우리들 스스로를 소중하게 여기는 것은 우리들의 품행을 이끌어주며, 타인을 인정하는 것은 우리들의 행동을 관리해 준다.

Uns selbst zu achten, leitet unsre Sittlichkeit; andere zu schätzen, regiert unser Betragen.(HA. Bd.8, 481쪽)

나를 좋아하고 타인을 따뜻한 눈길로 바라보며 인정해 주는 것이 바로 행복이다.

참고문헌

1. 1차 문헌

Goethes Werke, Hamburger Ausgabe Bd.3, Textkritisch durchgesehen und kommentiert von Erich Trunz. 13. Aufl., München 1986.

Goethes Werke, Hamburger Ausgabe Bd. 1~2, 4~14, Hamburg 1948-1986.

Goethes Faust, Text u. Kommentare, hrsg. v. A. Schöne, FA. Bde. 7/1-2. Frankfurt a. M. 1994.

Goethes Gedichte, FA. Bde. 1-3, Frankfurt a. M. 1987.

Goethes Werke, Gedenkausgabe, hrsg. v. Ernst Beutler, Bde. 3, 9 10, 14.

Goethe Briefe, HA in 6 Bdn, hrsg. v. K. R. Mandelkow. München 1988.

Eckermann, J. P., Gespräche mit Goethe. München 1984.

Goethes Gespräche, hrsg. v. W. Herwig. Zürich 1972.

2. 2차 문헌

Buchwald, Reinhard: Führer durch Goethes Faust-dichtung. Erklärung des Werkes und Geschichte seiner Entstehung. Stuttgart 1955.

Emrich, Wilhelm: Die Symbolik von Faust Ⅱ, Sinn und Vorformen, Frankfurt a. M. / Bonn 1964.

Friedrich, Theodor/Scheithauer, Lothar J.: Kommentar zu Goethes Faust. Stuttgart 1985.

Keller, Werner (Hrsg.) : Aufsätze zu Goether Faust Ⅰu. Ⅱ. Darmstadt 1984. u. 1992.

Kommerell, Max : Faust und die Sorge. In : M. K., Geist u. Buchstabe der Dichtung, S. 75~111.

Mattahaei, Rupprecht : Die Farbenlehre in Faust. In : Goethe 10 (1947).
Requadt, Paul : Goethes Faust Ⅰ. Leitmotivik und Architektur. München 1972.
Schlaffer, Heinz : Faust zweiter Teil. Die Allegorie des
Staiger, Emil : Goethe. 3 Bde. Zürich 1952~59.
Strich, Fritz : Goethes Faust. Bern/München 1964.
Wiese, Benno von : Die deutsche Tragödie von Lessing bis Hebbel. 6. Aufl., Hamburg 1964.
Zabka, Thomas : Faust Ⅱ. Das Klassische und das Romantische. Tübingen 1993.

3. 국문 참고문헌

강두식 옮김: 파우스트. 서울 1976 / 1987.
강두식: 파우스트 Ⅰ·Ⅱ부. 해설과 주석. 서울 1988.
곽복록 옮김: 빌헬름 마이스터의 방랑시대. 예하 1995.
김동중: 괴테에게 길을 묻다. 전남대학교출판문화원 2018.
김동중: 파우스트의 새로운 이해. 전남대학교출판부 1998.
김동중: 독일서정시의 새로운 이해. 전남대학교출판부 2000.
김수용: 예술의 자율성과 부정의 미학. 서울 1998.
김수용: 괴테 파우스트 휴머니즘. 책세상 2004.
김수용: 『파우스트』에 나타난 악의 본성, in: 독일언어문학 제12집, 1999, S. 149-175.
김수용: 선험적 이념과 역사적 현실간의 갈등 - 파우스트의 마지막 모놀로그 분석, in: 독일언어문학 제14집, 2000, S. 183-211.
김숙희 외 옮김: 빌헬름 마이스터의 편력시대 1, 2. 민음사 1999.
김용민: 생태학적 관점에서 본 『파우스트』 2부, in: 독일언어문학 제13집, 2000, S. 117-134.

괴테협회 (편): 파우스트 연구. 서울 1986.

괴테협회 (편): 괴테연구. 서울 1983.

박영구 옮김: 괴테와의 대화. 푸른숲 2000.

박영구 옮김: 괴테의 이탈리아 기행. 푸른숲 1998.

박찬기 옮김: 젊은 베르테르의 슬픔. 민음사 2000.

박찬기 외 공저: 파우스트와 빌헬름 마이스터 연구. 민음사 1993.

송동준 옮김: 괴테. 한길사 1998.

안삼환 옮김: 빌헬름 마이스터의 수업시대 1, 2. 민음사 1996.

안진태: 파우스트의 여성적 본질. 서울 1999.

이은희: 내 인생을 바꿔준 괴테의 말 한마디. 예문 2007.

임홍배:『파우스트』2부의 비판적 근대인식, in: 괴테연구 제14집, 2002, S. 23-37.

전영애 옮김: 괴테 시 전집. 민음사 2009.

전영애, 최민숙 옮김: 괴테 자서전 시와 진실. 민음사 2009.

정서웅 옮김: 파우스트 1, 2. 민음사 1999.

한국괴테학회. 괴테연구. 서울 1994 f.